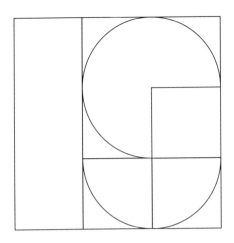

북학의를 읽다

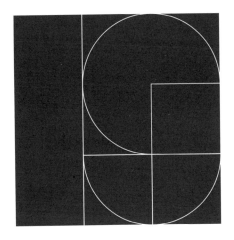

고전강의 19

북학의를 읽다

=

조선의 이용후생 사상과
박제가를 공부하는 첫걸음

설흔 지음

서문을 대신하여

이름은 들었어도 읽지는 않은 책 목록을 꼽으면 박제가의 『북학의』北學議는 꽤 상단에 자리하고 있을 겁니다. 할아버지 서재에서 먼지를 먹으며 꽂혀 있을 법한, 어딘지 지난 세기의 것처럼 고루한 느낌을 주는 제목에서 느껴지듯 『북학의』는 소설처럼 흥미진진한 책은 아닙니다. 하지만 박지원의 『열하일기』熱河日記처럼 방대하거나 종잡을 수 없는 책도 아닙니다. 일단 책장을 넘기면 의외로 쉽게 읽어 나갈 수 있는 책입니다.

이 글은 '문제적 책' 『북학의』를 읽도록 유혹하는 글입니다. 유혹이 대개 그렇듯 차분하고 논리적이라기보다는 선동적이고 주관적입니다. 한 사람이라도 더 『북학의』를 읽도록 자극하고 마음을 흔드는 데 목적이 있지 『북학의』를 객관적으로 살피고 평가하는 데에는 별 관심이 없기 때문입니다. 검증되지 않은 생각을 제 마음대로 주장하는 것 또한 그래서입니다.

이 글을 읽고 많은 분이 『북학의』를 읽었으면 좋겠습니다. 『북학의』는 고전 중에서도 꽤 훌륭한 고전이라고 특별히 강조해 말씀드리고 싶습니다. 서평가 이현우 선생은 고전을 '텍스트-무한'이라고 부릅니다. '끊임없이 해석하고 의미의 핵심을 파악하고자 하지만 목표에 이르지 못하게 되는' 텍스트라는 겁니다.[1] 제 유혹이 이 책을 선택한 분들을 『북학의』의 무한한 세계로 끌어들일 수 있다면 그보다 더 큰 보람은 없을 것입니다.

한 가지 더, 부처를 만나면 부처를 죽이라는 말처럼 『북학의』의 넓고 깊은 세계를 진심으로 즐기게 된 후에는 제 글은 깨끗하게 잊기 바랍니다.

서문을 대신하여　　　　　　　　　　　　　　　　　(9)

1

딱딱한 책『북학의』

저는 네 종류의『북학의』책을 갖고 있습니다. 이 글을 쓰면서 주로 참고한 책은 표지에 '완역 정본'이라는 믿음직한 문구가 검은 글씨로 박혀 있어 제법 본때 나는 책으로, 안대회 선생이 교감·역주한『북학의』(돌베개, 2013)입니다. 뒤표지에 실린 글입니다. "낡은 관습과 사유에 주눅 들지 않고 선이 굵은 논리를 세우는 지적인 힘과 과감하게 주장하는 행보에는 모두들 공감을 표시할 것이다.『북학의』는 한국인이 읽어야 할 고전으로서 변치 않는 가치를 가진다고 믿는다."

꽤 설득력이 있어서 그렇구나, 그렇다면 한국인인 내가 시간을 내서라도 반드시 읽어야겠구나 하고 고개를 끄덕이며 일독의 결의를 새삼 다지게 됩니다. 두 번째 책은 박정주 선생이 번역한 『북학의』(서해문집, 2003)인데 지금도 이어지는 '오래된 책방' 시리즈의 제1권이라는 점이 상징적입니다. 부제는 '시대를 아파한 조선 선비의 청국 기행'이며 그림과 사진 등 참고 자료가 많아서 좋습니다. 나머지 두 권은 모두 안대회 선생이 옮긴 책입니다. '참 우리 고전' 시리즈 제5권으로 나온 『북학의』(돌베개, 2003)가 세 번째 책으로 부제는 '조선의 근대를 꿈꾼 사상가 박제가의 개혁 개방론'입니다. 마지막 책은 『쉽게 읽는 북학의』(돌베개, 2014)로 부제는 '조선의 개혁 개방을 외친 북학 사상의 정수'입니다.

『북학의』 번역본 네 권을 소개한 이유는 인용한 글과 부제 때문입니다. 이 책들이 강조한 바만 잘 살펴도 『북학의』를 어느 정도는 파악할 수 있으며, 눈을 감고 명상하듯 조금만 곰곰 생각하면 다음과 같은 전혀 놀랍지 않은 결론에 자연스럽게 이르게 됩니다.

"『북학의』는 무척 훌륭한 책이구나!"

"죽기 전에 반드시 읽어야 할 굉장히 훌륭한 책이구나!"

'무척, 반드시'와 같은 평범한 부사에 '훌륭하다'라는 그 자체로는 별 의미 없는 형용사를 동원해 내린 제 부실한 감탄의 결론을 보충하는 의미로 여러 '훌륭한' 전문가의 견해를 조금 더 인용하겠습니다.

　이헌창 선생은 "『북학의』는 경제사상으로 탁월할 뿐만 아니라 경제에 관련된 개념들을 잘 활용한 학술적 논설문들을 모아 둔 주목할 만한 책"이며 "박제가의 경제 정책론은 부국론, 그 바탕의 사상은 이용후생 사상으로 집약될 수 있다. 박제가의 경제사상이 탁월한 점은 오래전부터 지적되어 왔다"라고 설명합니다.[1]

　박제가의 시문집 『정유각집』을 번역한 정민, 박종훈 선생 또한 『북학의』를 높이 평가합니다. 조금 길지만 꼭 필요한 내용이므로 『정유각집』「해제」를 인용합니다.

　박제가는 서얼 출신이라는 신분적 제약에도 불구하고, 세 차례의 규장각 검서관 생활과 네 차례에 걸친 연행 체험을 통해 툭 터진 식견과 국제적 안목을 갖추었다. 특히 연행에서 중국 문사들과 폭넓은 교우를 나누고 그들의 발달된 문물을 직접 목도하면서, 당시 조선이 북벌의 원수로 지목했던 청나라가 결코 오랑캐가 아닌, 새로운 학문 사조와 서양 과학으로 무장한 문명국임을 똑똑히 자각하였다. 북벌의 강고한 이데올로기가 북학의 과감한 주장으로 돌아서는 데 있어 그의 저서 『북학의』의 영향은 절대적이었다.[2]

안대회 선생은 박제가의 산문을 모은 책 『궁핍한 날의 벗』의 서문 격인 「박제가론」에서 "박제가는 일반에게 『북학의』의 저자로 널리 알려져 있다"고 운을 뗀 뒤 "조선의 학자로서는 드물게 상업과 유통을 중시하였고, 이용후생의 학문을 체계화하였으며, 현실의 개혁을 위해 중국을 배우자는 주장을 펼친, 조선사상사에서는 그 유례를 찾아볼 수 없는 독특한 사상 체계를 구축한 사상가"라고 설명합니다.3)

미야지마 히로시 선생은 "박제가는 18세기를 중심으로 한 이른바 실학파 가운데 북학파 혹은 이용후생학파를 대표하는 사상가 중 한 사람으로 높이 평가되어 온 인물로, 그가 주장한 청나라 선진 기술의 도입과 해외통상론은 근대적인 지향성을 잘 나타내는 선구적이고 독창적인 사상이라는 평가를 받아 왔다"라는 문장으로 학계에서 박제가를 보는 시각을 일목요연하게 정리합니다.4)

박제가와 『북학의』를 향한 칭찬의 말 중에서는 선구적인 연구자 김용덕 선생의 평이 단연 으뜸입니다.

그의 존재 자체가 우리 사상의 기적이다.5)

글을 더 진행하기 전에 책 제목에 들어 있는 '북학'과 전문가의 평가 속에 빠지지 않고 등장하는 『북학의』의 핵심 개념인 '이용후생'을 간단히 정리하고 넘어가는 게 좋겠습니다. 박제가는 『북학의』「자서」에서 『맹자』에 나오는 진량陳良의 말을 가져다가 『북학의』라는 책 제목을 지었다고 밝혔습니다. 『맹자』「등문공 상」滕文公 上의 해당 구절입니다.

　나는 중국의 문명을 가지고 오랑캐를 변화시켰다는 말은 들었지만 오랑캐에게서 변화를 받았다는 말은 듣지 못했습니다. 진량은 초나라 태생으로, 주공과 공자의 도를 좋아해 북쪽으로 와 중국에서 공부했는데, 북방의 학자들도 혹 그를 앞설 수 없을 정도였습니다.[6]

　"북쪽으로 와 중국에서 공부했는데"北學於中國가 핵심입니다. 이 구절에서 『북학의』라는 책 제목이 유래했습니다. 맹자의 문장이라 왠지 겁을 먹게 되지만 실은 매우 단순합니다. 『북학의』를 요즘 자기계발서식 제목으로 바꾸면 '중국에서 배우자'입니다.

　이용후생은 유교 경전인 『서경』書經 「대우모」大禹謨 편에 등장하는 말입니다. 우는 순 임금에게 이렇게 간언합니다.

덕으로 다스려야 선정이 됩니다. 정치는 백성을 기르는 데 있습니다. 물과 불과 쇠와 나무와 흙과 곡식을 잘 다스리고, 덕을 바르게 하고, 쓰임을 편리하게 하고, 삶을 두터이 하는 일에 조화를 이루십시오.[7]

물과 불과 쇠와 나무와 흙과 곡식을 잘 다스리라는 표현이 무협지나 판타지 같아서 재미있지요. 여기에서 "쓰임을 편리하게 하고 삶을 두터이 하는 일"이 바로 이용후생利用厚生입니다. 다음 설명을 읽으면 충분히 이해가 될 것입니다.

이용은 공업기술과 상업을 발전시켜 인민의 경제활동을 효율적으로 도모하는 것이며, 후생은 의식주를 풍족하게 하여 생활 수준을 향상하는 것이다.[8]

(이용후생학파는) 청나라의 문물을 적극적으로 수용하자는 북학과 기술의 발전, 상공업의 유통, 경제적 윤택을 추구한다.[9]

훌륭하다는 말을 눈에 띄게, 노골적으로, 촌스럽게 반복했을 때부터 반전을 눈치챈 '훌륭한' 분도 분명 있을 겁니다. 그렇습니다. 반전 없는 드라마는 없으니 이제 '그러나'가 나와야 할 차례입니다. 『북학의』는 훌륭한 책입니다. 우리나라 고전 중 열 손가락 안에 반드시 드는 정말로 훌륭한 책입니다. '그러나' 안타깝게도 『북학의』에는 독자를 괴롭히는 치명적인 약점이 하나 있습니다.

바로 웃음기의 부재입니다. 『북학의』는 웃음기라고는 도무지 찾아볼 수 없는, 표정 없는 벽돌처럼 마냥 딱딱한 책입니다. 누군가 『열하일기』와 『북학의』가 어떻게 다르냐고 묻는다면 저는 농담의 빈도와 수준이 현저하게 다르다고 주장하고 싶습니다. 『북학의』가 근엄한 벽돌이라면, 『열하일기』는 농담의 책입니다. 어느 쪽을 펼쳐도 농담이 장마철 강물처럼 철철 넘쳐흐릅니다. 사례를 들어 보겠습니다.

나는 수역 홍명복에게 물었다. "자네, 도를 아는가?"

홍군은 두 손을 마주 잡고 되물었다. "아니, 도대체 그게 무슨 말씀이십니까?"

"도란 알기 어려운 게 아닐세. 바로 저기 강 언덕에 있는 게 바로 도일세."[10]

— 「도강록」(渡江錄)

조선과 청의 국경인 압록강을 건너면서 박지원이 수역 홍명복에게 도가 무엇인지 묻는 장면입니다. 홍명복은 조금 황당했을 겁니다. 중국이 코앞에 있는 만큼 역관의 우두머리인 수역으로서는 몸과 마음이 꽤 바쁜 상황이었겠지요. 그런데 누군가 커다란 손바닥으로 등짝을 후려치기에 이건 또 뭔가 하고 가자미눈으로 째려보았더니 그 사람이 씩 웃으며 "도에 관심이 있습니까" 하고 묻는 것 아니겠습니까? 홍명복은 인내심을 발휘해(박지원이 정사 박명원의 일가친척이라는 짜증 나는 특수 상황을 고려해 화를 꾹 참았겠지요) 무슨 이야기인지 공손하게 묻습니다. 인용은 하지 않겠지만 박지원의 장광설은 배가 건너편 언덕, 즉 중국 땅에 닿을 때까지 이어집니다. 홍명복의 반문이 중간중간 섞여 있기는 하나 이 장광설은 어쩐지 박지원의 독백처럼 들립니다. 첫 번째 이유는 국경을 넘는 흥분되고 긴박한 순간에 듣기엔 지나치게 무겁고 난해한 내용 때문이고, 다음 이유는 '배가 벌써 건너편 언덕'에 닿은 뒤에는 대화 상대였던 홍명복이 전혀 언급되지 않는 것으로 보아 그가 공무를 변명 삼아 부리나케 자리를 떠났다는 느낌이 강하게 들기 때문입니다. 그런데 조금은 실없는 분위기 속에서 이루어지는 이 대화는 사실 굉장히 중요합니다. 박지원의 그 유명한 '사이' 이론*이 언급되기

---

* 거칠게 설명해 보겠습니다. 진실은 이곳도 저곳도 아닌 그 사이 어딘가에 있으니 이곳과 저곳을 모두 조망하는 복합적인 시각으로만 파악 가능하다는, 주자학이 종교나 마찬가지였던 당대로서는 파격적인 생각을 담고 있습니다.

때문이지요. 조금 과장해서 말하자면 이 '사이' 이론은 『열하일기』의 중요한 주제입니다. 이렇듯 중요한 이야기를 농담 같은 허허실실의 분위기 속에서 슬슬 내뱉고 있는 것이지요. 이 같은 성동격서聲東擊西에 가까운 '전략'은 『열하일기』 곳곳에서 즐겨 사용됩니다. 한 가지 사례만 더 들어 볼까요?

> 급박하게 움직이는 소리가 들렸다. 무슨 일이 난 모양이었다. 옷을 챙겨 입으려는데 시대가 달려와 말했다. "지금 열하로 가야 한답니다."
> 변군과 래원이 화들짝 놀라며 물었다. "어디 불이라도 났소?"
> 나는 그들을 놀리기 위해 이렇게 말했다. "황제가 열하로 가서 북경이 비어 있는 틈을 노려서 몽골 기병 십만 명이 쳐들어왔소."
> —「막북행정록」(漠北行程錄)

박지원이 포함된 사신단의 목적지는 늘 그랬던 것처럼 북경(연경)이었지 열하가 아니었습니다. 누구도 예상하지 못했던 황제의 변덕 때문에 갑작스럽게 열하로 이동하게 된 것이었습니다(덕분에 『연경일기』가 아닌 『열하일기』가 탄생했지요). 황제의 명령은 한밤중에 도달했습니다. 늦은 시각이라 머리가 무거워서 다들 상황 파악을 제대로 못 한 채 허둥대고 있는데 그 와중에도 박지원은 몽골 기병이 쳐들어 왔다는 무서운 농담을 아무렇지도 않게 해 댑니다.

이 농담은 박지원 아니고서는 하기 어려운 촌철살인의 농담이라고 생각합니다. 조선인의 마음속에 숨어 있던 지난 전쟁과 침략의 불안감을 말 한마디로 이토록 정확하게 드러 내기란 쉽지 않은 법이니까요.

대략 종합하자면 박지원은 자신을 희화화하거나 엉뚱한 말로 상대방을 어처구니없게 만들거나 때로는 슬랩스틱을 방불케 하는 허술한 행동 등으로 이루어진 다양한 농담을 통해 『열하일기』를 생동감 넘치는 책으로 만드는 데 성공했습 니다. 동시대 인물인 유만주는 1784년 7월 7일에 쓴 일기에 서 박지원을 두고 "유희라는 것, 그 하나를 평생의 공부로 삼 았다"라고 표현한 바 있지요.(『흠영』欽英)[11] 박지원이라는 사 람과 그가 쓰는 글의 본질을 한 문장으로 꿰뚫어 본 놀라운 식견이라고 생각합니다. 그렇다면 『북학의』는 어떨까요?

『북학의』에도 물론 농담은 존재합니다. 근엄한 『성경』 과 『금강경』과 『논어』에도 수준과 빈도의 차이는 있지만 농 담은 빠지지 않는 것처럼요. 박제가는 조선 여자들의 복장이 몽골 복식을 따른다는 점을 강하게 비판하면서 중국 복식을 따르지 않는 이유를 친구의 입을 빌려 다음과 같이 설명합니다.

"오늘날 가정 내에는 힘깨나 쓰는 대장부가 전혀 없으니 이 일은 아무래도 어렵지."[12] —내편 「여성복」(女服)

조선의 가정에서도 여성의 목소리가 높아지고 있는 상황을 넌지시 빗대 말한 것으로 보이지만 박지원의 농담에 비하면 수준과 효과 면에서 현저히 떨어집니다. 이번에는 박제가 "좌중이 다 밥알이 튀어나오도록 웃었다"고 힘주어 강조한 농담을 살펴볼까요? 우리나라 이불이 먼지 덩어리이고 악취가 심하다는 불만을 길게 늘어놓은 뒤에 어느 손님의 말이라면서 인용한 내용입니다.

"신부를 맞은 신랑이 새 이불을 깔았더니 악취가 너무 심하게 났다네. 신랑은 그 냄새가 신부에게서 난다고 생각하고 평생토록 자기 부인을 증오했다더군." —내편 「담요」(毯)

이 글을 읽는 분 그 누구도 밥알이 튀어나오도록 웃지는 않을 거라 확신합니다. 옛사람과 우리의 유머 감각이 상이하다는 점은 차치하고서라도 박제가의 글엔 우리나라 문물에 대한 강한 적개심과 어딘지 모르게 여성을 무시한다는 느낌이 있어서 흔쾌히 따라 웃기는 어렵습니다. 어쨌거나 이 두 구절이 농담의 전부입니다. 『북학의』를 처음부터 끝까지 여러 번 살폈습니다만 이를 넘어서는 농담은 없었습니다.

기왕 『열하일기』와 비교한 김에 『열하일기』와 『북학의』 글쓰기의 중요한 차이 하나를 지적하고 넘어가겠습니다. 『열하일기』는 상투적으로 비유하자면 무지개와 같은 책입니다. 『열하일기』에는 농담이 있고, 철학이 있고, 비분강개가 있고, 흥분이 있고, 외로움이 있고, 냉철한 정세 분석이 있고, 아름다운 우정이 있습니다. 일기, 에세이, 논설문, 필담, 목록, 백과사전식 기술, 메모, 시와 소설에 이르기까지 글쓰기의 모든 장르가 다 들어 있습니다. 『열하일기』 한 권만 읽으면 왜 많은 이들이 박지원을 조선 최고의 문장가라고 평가하는지 알게 됩니다.

『열하일기』가 일곱 빛깔 무지개라면 『북학의』는 굵은 숯으로 그린 단색화입니다. 『북학의』에 가장 많이 등장하는 문장이 뭘까요? 학중국學中國, 그러니까 중국을 배워야 한다는 문장입니다. 모두 스무 차례 등장하는 '학중국'의 사용 예를 몇 가지 들어 보겠습니다.(생각보다 적어서 오히려 놀랐습니다. 비슷한 문장은 그야말로 수도 없이 나옵니다.)

박제가는 우리나라의 목축업은 한심한 수준이며 짐승 다루는 방법은 엉망진창이라고 지적한 후 이렇게 말합니다.

> 짐승을 다루는 법이 쇠퇴하면 국가는 부강하지 않게 된다. 그 이유는 다른 데 있지 않다. 중국을 배우지 않은 잘못에 있다.
>
> —내편 「목축」(畜牧)

또 말 다루는 법은 무사에게만 맡겨야 한다는 통념은 잘못된 것이라고 지적한 후 결론을 내립니다.

> 오늘 문신이 타는 말은 내일 전쟁이 벌어졌을 때는 전사가 탈 말이다. 따라서 말 다루는 방법은 반드시 중국을 배워야 한다.
>
> —내편 「말」(馬)

또 외편 「농업과 잠업에 대한 총론」農蠶總論에서는 "중국의 벼는 벌써 익어 쌀이 되었는데 우리는 미처 벼도 베지 못한다. 저들은 비단을 벌써 짰는데 우리는 미처 고치에서 실도 뽑지 못한다"며 우리나라의 농업과 잠업의 수준을 강도 높게 비판하는데 그 이유는 오직 하나, "중국을 배우지 않은 잘못 때문"이라고 주장합니다.

"문제 해결의 열쇠를 중국 문화와 기술의 학습으로 환원하는 느낌이 들 정도"[13]라는 안대회 선생의 적절한 표현에 고개를 끄덕일 수밖에 없습니다. 참고로 안대회 선생은 『북학의』를 여러 차례 번역했을 뿐 아니라 『북학의』와 박제가를 무척 높게 평가하는 분입니다.

훌륭한 책, 대단한 책, 고전 중의 고전인 『북학의』 전반을 흐르는 논리는 의외로 무척 단순합니다. 각 조목의 초반부에는 중국 문물에 대한 (과도한) 칭찬이 이어지고, 그 뒤에는 우리나라 문물에 대한 (지나친) 비하가 더해집니다. 결론은 물론 '그러므로 중국을 배워야 한다'는 것이고요. 예를 들어 보겠습니다.

중국 자기는 정교하지 않은 것이 없다. 아무리 외진 마을의 쓰러져 가는 집이라도 모두 금벽으로 화려하게 그림을 그려 넣은 병, 술잔, 주전자, 주발 등의 그릇을 가지고 있다. (……) 우리나라 자기는 지극히 거칠다. 모래가 바닥에 붙은 상태 그대로 구워 만들어서 마른 밥알이 붙은 것처럼 두둘거린다. 자기를 당기면 밥상과 탁자를 긁어서 못 쓰게 만들고, 씻어도 더러운 찌꺼기가 사라지지 않고 그대로 끼어 있다.
—내편 「자기」(甃)

다른 건 몰라도 달항아리로 대표되는 조선의 백자만큼
은 미학과 실용의 측면에서 세계 최고 수준이라고 배웠던 우
리의 자부심으로 가득한 상식이 여지없이 깨지는 순간이지
요. 그렇다면 문화 수준과는 전혀 관련이 없는, 그저 동물일
뿐인 소에 관해서는 어떻게 썼는지 봅시다.

> (중국) 소는 항상 목욕을 시키고 솔질을 한다. 죽을 때까지
> 한 번도 씻기지 않아서 똥과 오물이 말라붙어 갈라진 우리
> 나라 소와는 다르다.
—내편 「소」(牛)

소를 씻기고 안 씻기는 것은 주인의 성향에 달려 있지
않을까, 이런 생각을 한 번쯤 해 볼 만도 한데 박제가의 주장
에는 거침이 없습니다. 심지어는 똥거름의 수준조차 문제를
삼습니다.

> 중국에서는 똥거름을 황금처럼 아낀다. 길에는 버려진 재
> 가 없다. 말이 지나가면 삼태기를 들고 꽁무니를 따라가 말
> 똥을 거둬들인다. (……) 똥을 거름으로 사용할 때에는 누

구나 차진 진흙처럼 물에 타 바가지로 퍼서 거름을 준다. 거
름을 골고루 뿌리기 위해서다. (……) 우리나라는 마른 똥
을 거름으로 사용하므로 힘이 분산되어 효과가 온전하지 못
하다. 성 안의 똥을 완전하게 거둬들이지 않기 때문에 악취
와 더러운 것이 길에 가득하다.
　　　　　　　　　　　　　　　　　　　　—외편「똥거름」(糞)

　똥을 제대로 치우지 않아 악취가 나고 길이 더러운 점은
반성해야 마땅한 부분입니다. 그러나 우리나라에서 마른 똥
을 쓴다고 뭐라 하는 지적은 좀 지나치게 날을 세우는 게 아
닌가 하는 느낌이 살짝 들지요. 마른 똥과 진흙에 대단한 기
술력의 차이가 있는 건 아니니까요. 마른 똥에 물을 섞는 간
단한 조치만으로도 문제는 쉽게 해결되니까요. 하지만 박제
가는 비판 자체에 목적이 있는 듯 우리나라의 거의 모든 사
항을 문제로 삼으며 우리나라는 형편없고 중국은 훌륭하다
는 단순한 논리를 무한 반복합니다. 아주 드물게 중국의 문
물을 문제 삼은 조목도 몇 편 있기는 합니다.

　중국의 활은 너무 투박하고 커서 우스꽝스럽다. 사정거리
도 60보, 70보밖에 되지 않는다.
　　　　　　　　　　　　　　　　　　　　—내편「활」(弓)

중국의 집은 엉성하고 꺾임이 없이 단순하다.

— 내편 「주택」(宮室)

그런데 중국 문물을 비판한 다음에 반드시 붙는 단어가 있습니다. 바로 '하지만'과 '그러나'입니다. 중국 활의 문제점을 지적한 후 박제가는 이렇게 덧붙였습니다. "하지만 활은 모두 나무로 만들어져서 건조하거나 습하거나 변형되지 않는다." 중국 집 비판에 이어지는 문장은 이렇습니다. "그러나 다음과 같은 유익한 점이 몇 가지 있다. 삼면에 쓸데없는 처마가 없어서 지붕 아래는 한 자 한 치라도 모두 쓰임새가 있다. 벽을 벽돌로 쌓아서 기울지 않는다. 벽이 두꺼워 춥지 않다."

그 뒤로 이어지는 내용은 충분히 예측할 수 있을 겁니다. 우리나라 문물에 대한 가차 없는 비판입니다.

우리나라 사람은 활을 잘 쏘아서 200보까지 맞히나 조금이라도 활을 불에 잘 굽지 못하면 문제가 발생한다. 더군다나 비가 올 때는 전혀 사용할 수 없다. 적군이 맑은 날을 가려서 쳐들어올 리는 없지 않겠는가?

우리나라는 1천 호가 사는 마을이라도 반듯하게 지어져 살 만한 집을 한 채도 찾아볼 수 없다. 평평하지 않은 언덕에 다듬지도 않은 나무를 세우고 새끼줄로 묶어 기둥과 들보로 삼는다. (……) 백성들은 살아오면서 눈으로는 반듯한 것을 보지 못했고, 손으로는 정교한 기술을 익히지 못했다.

이런 식의 단순한 논리가 워낙 반복되다 보니 "총은 우리나라의 것과 완전히 똑같다. 화살은 깃을 나선형으로 돌려서 박았다"로 끝나는 내편 「총과 화살」銃矢은 마땅히 따라와야 할 비판이 없어서 오히려 생소하게 느껴질 지경입니다.

무엇보다도 박제가의 '중국병'이 가장 심하게 드러나는 곳은 우리말을 버리고 중국어를 사용하자는 엄청난 주장이 담긴 조목입니다.

우리나라는 중국과 가깝게 접경해 있고 글자의 소리가 중국의 글자 소리와 대략 같다. 그러므로 온 나라 사람이 본래 사용하는 말을 버린다고 해도 안 될 이치가 없다. 이렇게 본래 사용하는 말을 버린 다음에야 오랑캐라는 모욕적인 글자로 불리는 신세를 면할 수 있고, 수천 리 동국에 저절로 주, 한, 당, 송의 풍속과 기운이 나타날 것이다. 이 어찌 크게

상쾌한 일이 아닌가? ──내편「중국어」(漢語)

　　지금으로 치면 미국이 동시대 최강국이니 우리나라 말을 버리고 영어를 공용어로 쓰자는 발언과 똑같습니다. 그래야 뉴욕과 L.A와 보스턴의 풍속과 기운이 나타난다는 것이지요. 성조기를 흔드는 태극기 부대에서도 쉽게 하기 어려운 주장일 겁니다. "이 어찌 크게 상쾌한 일이 아닌가"라고 감탄하는 대목에 이르면 '소중화 사상에 물든 조선 시대 인간의 소갈머리 없는 소견이 다 그렇지' 하고 무시하고 넘어가려 해도 자꾸 분노가 솟구치고, 아무리 그래도 이건 좀 아니다 싶습니다. 『북학의』를 번역한 안대회 선생이 서문에 아래와 같은 의견을 미리 표명한 이유이지요.

　　『북학의』는 처음 보면 옛날의 기술 책을 읽는 듯한 인상을 받기 쉽다. 조선의 현황을 지나치게 낮추어 보는 반면에 중국과 일본, 서양의 수준을 지나치게 추켜세워 그 태도가 거슬리기도 한다. 중국어를 공용어로 쓰자는 주장에 이르러서는 주체성을 의심받기도 한다.[14]

　　『북학의』는 내용뿐 아니라 글의 기술과 형식 또한 단조

롭고 딱딱합니다. 보통의 연행록이라면 여행기답게 여정은 기본으로 기록하고 어떤 장소에서 본 사물이나 경관의 느낌, 이국땅에서의 소소한 감상이 어느 정도는 포함되기 마련입니다. 박제가와 함께 중국을 다녀온 이덕무의 글을 한번 보지요. 이덕무의 연행록인 『입연기』入燕記 1778년 4월 14일 자는 다음과 같이 시작합니다.

4월 14일 갑진, 비가 내렸다. 오후 4시가 지나자 찬바람이 세차게 불어서 가을날 같았다. 30리를 가 봉황성*에서 유숙했다.15)

바람이 몰아치는 봉황성의 쓸쓸한 분위기가 느껴지지요? 이는 파격적인 내용으로 유명한 『열하일기』도 마찬가지입니다.

6월 26일 계유, 아침에 안개가 끼더니 늦게 개었다. 구련성을 출발하여 30리를 가서 금석산 아래 도착하여 점심을 먹고, 다시 30리를 가서 총수에서 노숙하였다.　　　―「도강록」

이덕무의 『입연기』로 돌아가면 봉황성에서 안시성을 방

---

* 봉황성은 요동반도 동남부에 있는 고구려 산성으로, 원래 이름은 오골성(烏骨城)이었으나 명나라 때부터는 봉황성(鳳凰城)이라고 불렀습니다. 17세기 이후 조선 연행사가 중국을 오가는 길목이었습니다.

문한 이야기가 나옵니다. 이덕무는 봉황성을 안시성으로 생각했기 때문에 그가 본 것이 실제의 안시성인지는 논란의 여지가 있으나 여기서 논할 문제는 아닙니다. 중요한 건 이덕무가 안시성에서 고구려와 당 태종의 싸움을 회상하면서 '자연스럽게' 우리 민족인 고구려의 편에 섰다는 사실입니다.

> 당 태종이 천하의 군사를 동원해서 친히 정벌하다가 성주의 화살에 맞아 한쪽 눈이 먼 채 돌아갔으니, 용병을 지나치게 하는 자가 귀감으로 삼아 경계하기에 충분하다.

이덕무의 생각은 낯설게 느껴지지 않습니다. 우리가 국사 교과서를 보며 대제국 고구려를 편드는 감정과 크게 다르지 않으니까요. 박지원 또한 역사의식을 제대로 갖춘 훌륭한 사람이라 『열하일기』에도 안시성에 대한 고증이 읽는 이를 지루하게 할 정도로 길게 나옵니다(『열하일기』의 몇몇 대목은 꽤 따분해서 고증에 관심이 없다면 건너뛰고 읽어도 별문제 없습니다). 나중에 자세히 이야기하겠습니다만 『북학의』와 내용이 무척 비슷해 제2의 『북학의』라 불러도 무방할 이희경의 『설수외사』雪岫外史에도 애국적인(?) 대목이 등장합니다. 청나라 지리서에 나온 우리나라의 지리를 고증해 달라는 중국 선비의 요청에 무심히 응하려다가 문득 경계심을 느끼며 거절하는 장면이지요. 『북학의』는 어떨까요? 중국어를 공용어로 쓰자는 주장에서 예상했겠지만 민족 내지 애국심 같은 덕목은 『북학의』와는 별 관계가 없습니다. 박제가 또한 이덕무와 함께 안시성을 보았을 겁니다. 박제가가 당태종과 고구려의 전쟁을 몰랐을 가능성은 없습니다. 하지만 『북학의』 어디에도 안시성에 대한 언급은 없습니다. 대신 내편 「성」城 첫머리는 이렇게 되어 있습니다.

성은 모두 벽돌로 쌓았다. 회를 써서 벽돌을 붙였는데 벽돌이 겨우 붙을 만큼 몹시 엷게 회를 사용했다.

중국 성이 정교하고 튼튼하다는 칭찬입니다. 나머지 내용은 충분히 예측할 수 있겠지요. 중국의 성은 아름답고 튼튼하고 훌륭한데 우리나라의 성은 한심할 정도로 형편없다…… 실제로 박제가가 구사한 문장은 그야말로 신랄합니다.

이희영은 "우리나라의 성은 모두 그림 속에 있는 성일 뿐이다"라고 말했다. 성이 외면은 그럴듯해 보이지만 내실은 그렇지 못함을 꼬집는 말이다.

『입연기』 4월 15일 자에는 낯선 이국을 여행하는 이덕무의 마음 상태가 잘 드러난 글이 있습니다. 읽는 이를 빠져들게 만드는, 여행기에 딱 맞는 성격의 글이지요.

상사가 묵고 있는 여관을 방문하고 돌아오다가 길을 잃어 어떤 마을의 집으로 들어갔다. 주인은 아궁이에 불을 지피고 있었고, 부인과 어린아이는 나를 보며 뭐라고 재잘거리며 꾸짖는 듯했다. 사나운 개까지 으르렁거리며 앞으로 달려들었으므로 나는 매우 놀라고 두려웠으나 말은 한마디도 할 수가 없었다. 어린아이가 개를 불러 짖지 못하게 한 덕분에 겨우 숨을 돌리고 문밖으로 나오기는 했지만, 내 평생 가장 절박한 순간이었다.

『열하일기』에도 비슷한 장면이 있지요. 박지원이 북경의 명소인 유리창琉璃廠*을 관광객 모드로 변신해 정신없이 구경하다가 문득 멈춰 서서 외로움을 느끼는 부분입니다.

나는 유리창 안에 홀로 서 있다. 내가 입은 옷과 갓은 천하

* 서점과 골동품점과 문구점 등이 늘어선 북경의 거리입니다. 유리 기와를 만들던 곳이라 유리창이라는 이름이 붙었습니다. 조선 사신이 빼놓지 않고 방문하는 명소로, 『열하일기』에 "천하의 재화와 보물이 다 여기 몰려 쌓였다"라고 묘사되어 있습니다.

사람들이 모르는 것이고, 내 수염과 눈썹은 천하 사람들이 처음 보는 것이고, 반남 박씨는 천하 사람들이 처음 들어 보는 성일 것이다. 그러므로 나는 성인도 되고, 부처도 되고, 현인도 되고, 호걸도 될 수 있다. 은나라 기자箕子나 초나라 접여接興처럼 미쳐 날뛸 수도 있겠지. 아, 앞으로 나는 누구와 함께 이 지극한 즐거움을 논할 수 있겠는가? —「관내정사」

이희경의 『설수외사』에는 북학과는 크게 관계없는 내용, 즉「휘파람의 대가들」, 「돌에 얽힌 불가사의」, 「호랑이 길들이기」(원문에는 제목이 없어서 역자가 붙인 것이지만 내용을 충실히 반영하고 있습니다)16) 같은 주제의 글이 꽤 있습니다. 주제만큼이나 이야기도 흥미로워 제법 읽는 맛이 있지요. 『열하일기』에도 「일신수필」馹迅隨筆(말을 타고 가듯 빠르게 쓴 수필), 「관내정사」關內程史(산해관에서 북경까지의 이야기), 「망양록」忘羊錄(양고기 맛을 잊게 한 음악 이야기), 「환희기」幻戲記(요술놀이 이야기), 「옥갑야화」玉匣夜話(옥갑에서의 밤 이야기) 등 읽는 이의 궁금증을 유발할 만한 멋진 제목이 많습니다. 그렇다면 『북학의』는 어떨까요?

책을 펼치자마자(안대회 선생의 완역 정본 번역본이 기준입니다) 박제가가 쓴 「자서」, 박지원이 쓴 「북학의서」와

서명응이 쓴「북학의서」가 연달아 나오고 그 다음에는「수레」,「성」,「기와」 같은 내편의 건조한 조목들이 이어집니다. 외편 또한 만만치 않습니다.「과거론」,「북학변」,「관직과 녹봉」,「재부론」,「강남 절강 상선과의 통상론」,「존주론」⋯⋯ 정조에게 올린 진상본 북학의는 내·외편에서 추려 뽑고 보충한 것이니 더 말할 것도 없죠.

　문장은 또 어떨까요?「수레」의 첫 문장은 단호합니다. "사람이 타는 수레는 바퀴가 구른다."「배」의 첫 문장도 마찬가지입니다. "중국의 배는 내부가 깨끗하여 물이 한 방울도 없다." 모두 '해는 동쪽에서 뜬다', '사람은 태어나고 죽는다'처럼 이른바 문예미와는 거리가 먼 차갑고 객관적인 문장입니다. 앞에서도 살폈듯 문장의 논리는 무척 단순하지요. 중국 문물은 좋고 우리나라 문물은 나쁘므로 중국을 배워야 한다, 아니면 중국 문물에도 나쁜 것이 있기는 하나 우리나라 문물은 더 나쁘므로 중국을 배워야 한다. 이런 식입니다.

　지나친 단순화는 아무래도 문제를 일으키기 마련입니다. 서유구는 대작『임원경제지』林園經濟志를 쓰면서『북학의』내용을 꽤 많이 인용했습니다. 서유구는 박제가와 친분이 있었으나 학자적 양심을 발휘해 박제가의 주장에서 문제가 있는 사항은 정확하게 지적했습니다. 예를 들어 박제가는 진상본 「지리 2칙」地利 二則에서 "요동 지방은 하루갈이 밭에서 좁쌀 50섬 내지 60섬을 수확하는데 그 땅의 너비는 우리의 절반에 불과하다"고 기록하며 중국 농업의 생산성을 높이 평가했습니다. 하지만 서유구는 『임원경제지』 「본리지」本利志에서 "중국의 60섬은 우리나라의 30섬이다"라며 과장된 내용을 바로잡았습니다. 박제가는 진상본 「논」水田에서 "대체로 한강 이북은 논이 많을 수 없다. (……) 경기 동부 지역이 해마다 흉작인 것은 오로지 여기에 원인이 있다"고 주장하며 농사가 잘 안 되는 땅에 논을 만든 사실 자체를 문제 삼았습니다. 하지만 서유구는 "사업을 시행하는 것은 사람에게 달려 있지 땅에 달려 있지 않다"라는 논리적인 문장으로 박제가의 주장에 무리가 있음을 입증했습니다.[17]

서유구의 반박도 훌륭하지만 "중국 최고"를 외치는 우리의 주인공 박제가가 입이 열 개라도 변명하기 불가능해 보이는, 『북학의』의 주장에 정면으로 반하는 최고의 사례가 하나 있습니다. 1790년 박제가는 오랜 벗 유득공, 이희경과 함께 중국을 다녀왔습니다. 유득공이 쓴 연행록 『열하기행시주』熱河紀行詩註에는 요동에서 박제가와 함께 배를 탄 장면이 나옵니다.

서장관과 나와 박제가는 다음 배를 탔다. 물이 배의 틈으로 솔솔 들어오니, 배 안의 사람들이 소란을 피우며 뛰어내리려 했다. (……) 종자에게 소리 질러 물을 퍼내고 헌 옷가지로 틈새를 막게 했다. 사람들이 비로소 안정되었다.[18]

앞서 보았듯 박제가는 "중국의 배는 내부가 깨끗하여 물이 한 방울도 없다"는 단정적이고 건조한 문장으로 「배」 조목을 시작했지요. 우리나라 배를 비판하는 대목에서는 그야말로 붓을 호랑이 발톱처럼 날카롭게 세웁니다.

배는 물에 빠지는 것을 모면하자는 수단이다. 그러나 나무를 정밀하게 깎지 못하여 틈으로 새어 드는 물이 언제나 배에 가득하므로 배를 탄 사람의 정강이는 냇물을 건너는 때처럼 흠뻑 젖어 있다.

— 내편 「배」

트집을 잡는 김에 조금 더 잡자면 박제가는 「수레」 조목에서 "유독 우리나라만이 수레를 이용하지 않는데 그 까닭은 무엇일까?"라는 질문을 던졌습니다. 그런데 1792년 4월, 번화한 도성을 묘사한 그림인 「성시전도」城市全圖에 대한 글을 제출하라는 정조의 명을 받고 쓴 시에는 다음과 같은 구절이 나옵니다.

배오개와 종루와 칠패 등 세 곳은

이 바로 도성의 세 곳 큰 시장이로다.

온갖 장인 일하는 곳 사람들이 붐비니

온갖 물화 이윤 좇아 수레가 연이었네.[19)]

—「성시전도, 임금의 영에 응하여」(城市全圖 應令)

『북학의』는 1778년 완성했고, 시를 쓴 건 1792년이니 그 사이에 수레가 생겼으리라고 추론할 수 있겠습니다. 그러나 1798년 정조에게 올린 진상본에도 '우리나라는 수레를 이용하지 않는다'는 단호한 표현이 여전히 등장합니다. 그렇다면 수레가 있기는 있었으나 제대로 쓰이지는 않았다는 것을 진실로 봐야겠지요. 하지만 박제가는 논점을 흐릴 만한 모호한 표현은 『북학의』에 절대 쓰지 않았습니다.

각설하고 사정이 이렇다 보니 중국을 여행하고 쓴 책 『북학의』를 통해 박제가의 실제 여정을 살피기란 거의 불가능합니다. 몇 군데에서 여정의 흔적이 슬쩍 엿보이기는 합니다. "나는 유리창 서남쪽 지역에서 이덕무와 함께 자주 수레를 탔다"(「수레」) 또는 "사신과 나는 이덕무와 함께 그 배에 올라가 보았다"(「배」)는 내용 등이 그렇습니다. 보통의 여행기라면 여정 뒤에는 개인적인 감흥이 짧게라도 붙겠지요. 『북학의』는 그렇지 않습니다. 거의 실수로 보이는 인색한 여정 소개의 전후에는 예외 없이 중국에 대한 기나긴 칭찬이 이어집니다.

> 수레 안에서는 책을 읽을 수 있고, 손님과 마주 앉아 담소를 나눌 수도 있으니 그야말로 움직이는 집이다. (……) 수레는 하늘을 본받아 만들어서 지상을 운행하는 도구이다. 수레를 이용하여 온갖 물건을 싣기 때문에 이보다 더 이로운 도구가 없다.
>
> ─내편「수레」

> 그(하유성)가 탄 배는 크고 아름다웠다. (……) 무늬를 꾸민 창이 달려 있고, 색칠한 다락집이 높다랗게 솟아 있었다. (……) 내가 머물고 있는 곳이 물 위라는 사실을 까마득하게 잊고 마치 숲속에 몸이 놓여 있거나, 그림을 두리번거리며 구경하는 느낌이었다. (……) 먼 곳을 여행하는 중국 사람들이 많은 것은 당연하다.
>
> ─내편「배」

이헌창 선생은 "(학문의 분야로서의) 學과 (의견을 주

창하는 문체로서의) 議가 (제목에) 들어가는 해외 견문록은
『북학의』가 유일하다"라고 말하며 책 전체가 논설문이고 학
술적인 성격을 띠고 있기 때문이라고 설명했습니다.[20] 부정
하는 건 아닙니다만 저는 조금 비판적인 관점에서 말하겠습
니다. 『북학의』는 '우리나라는 형편없으니 무조건 중국을 배
우고 중국을 따르자'는 구호가 처음부터 끝까지 무한 반복되
는 선전 모음집 같은 느낌을 줍니다. 우리말 대신 중국어를
공용어로 쓰자는 주장에 이르면 박제가를 좋아하는 저이지
만 그를 '당괴', 즉 중국병 환자라 부르며 짜증을 냈던 동시대
사람들의 심정이 어느 정도는 이해가 가기도 합니다.

　박제가에게 조금이라도 관심이 있다면 이제 머릿속에
의문 하나가 자연스럽게 떠올라야 마땅합니다. 박제가는 세
련되고 참신한 글쓰기로 이름을 얻은 사람입니다. 좋은 의미
반, 나쁜 의미 반으로 '검서체'檢書體*라는 새로운 문체를 구
사한다는 평가를 받았습니다(이유가 어쨌거나 문체가 새롭
다는 건 작가에게는 더없는 칭찬입니다). 문장에 관해서는
한 시대의 전위에 선 논란을 몰고 다니는 인물이었다는 뜻입
니다. 정말 그런가요? 솔직히 말해 『열하일기』라면 몰라도
『북학의』에서 책을 읽다가 멈추고 하늘을 보며 감탄할 만큼
아름다운 문장을 찾아보기란, 조금 과장하자면 길을 걷다가

---

* "(시가) 너무 정교하고 치밀하고 지나치게 깨끗하다 의심하여
마침내 검서체로 지목을 하니, 정말로 가소롭다."
　　　　　—유득공, 「검서체」, 『고운당필기』(古芸堂筆記)[21]

만 원 지폐를 발견하는 만큼이나 어렵습니다. 미묘한 문장이 선사하는 맛 따위와도 전혀 무관합니다. 그렇다면 이렇게 물어야겠지요. 실험적이고 새로운 문장의 대가이자 한 시대의 전위였던 박제가는 왜 단순무식한(?) 논리로 점철된, 지나치게 강한 논리가 그렇듯 구체적인 부분으로 들어가면 빈틈도 많은 까닭에 그를 싫어하는 사람들로부터 공격받기 딱 좋은 선전집 같은 책을 썼을까요?

이 문제를 해결하려면 새롭고 훌륭하다는 박제가의 글솜씨부터 확인해야 합니다. 안대회 선생은 "박제가는 18세기 후반을 대표하는 참신한 시를 쓴 뛰어난 시인이었고, 조선후기 소품문의 향방을 가늠하는 중요한 산문가였다"[22]라고 썼습니다. 위대한 기행문학 작품으로 평가받는 『열하일기』의 저자 박지원과 비교해도 손색이 없는 높은 문학성을 지녔다는 뜻입니다. 1773년, 24세의 박제가가 동해의 고기잡이를 구경하면서 쓴 「바다의 고기잡이」海獵賦를 소개하는 게 좋겠습니다.

해안을 따라 걷다가 멈추어 섰다. 불빛을 비추어서라도 바닷속 풍경을 들여다보고 싶은 생각이 들었다. 하늘과 물은 맞닿아 푸른빛이 다하자 흰빛으로 이어졌다. 아득히 멀리 동그라미를 그린 듯 수평선이 펼쳐져 있었다. 바다의 빛이 마치 보검에 감도는 싸늘한 서슬과 같아서 두려운 마음이 들었고 감히 바짝 다가서서 바라볼 엄두가 나지 않았다. (……) 하늘 끝 아득한 곳을 바라보고 만물의 처음과 끝을 생각했다. 마음이 갑자기 아득해졌다. 마침내 반도 못 되어 절로 어지러워졌다.

"하늘 끝 아득한 곳을 바라보고 만물의 처음과 끝을 생각했다"라는 문장이 저는 참 좋습니다. 박제가는 20세 때, 영변도호부사로 부임하는 장인 이관상을 따라 북쪽 지방에 다녀왔습니다. 명소인 묘향산을 유람하고 쓴 「묘향산 소기」妙香山小記는 20세에 쓴 글임에도 그의 대표작이라 할 만합니다. 깊은 밤 혹은 이른 새벽 박제가와 처남 이한주(이몽직)가 등불 아래에서 나누는 대화는 꿈결처럼 아름답습니다.

동쪽으로 60리를 가서 석창에 이르자 날이 저물어서 걸음을 멈추었다. 석창의 앞 시내는 맑다 못해 푸르다. 냇가에는 여러 종류의 나무들이 산에 기대섰다. 온통 이 시골집을 위해 맞은편 언덕으로 삼은 까닭이다. 새벽에 일어나 등불을 켜고, 원중랑이 지은 『서문장전』徐文長傳을 읽었다.

이몽직이 말했다. "깊은 밤에 함께 와서 냇가에서 자게 될
줄 누가 알았겠는가?"

내가 말했다. "달빛은 집 위에 가득하고, 꿈은 집 가운데
있군."

또 말했다. "올려 보면 맑은 이슬, 들리는 건 찬 소리뿐. 우
리가 잠 못 들 줄 또 어찌 알았으리."

박제가의 시는 또 어떤가요? 박제가의 작품 중 가장 널
리 알려진 시 「달여울 잡절」月灘雜絶을 인용합니다. 문학청년
박제가의 예민한 감성과 시인다운 독창적 사고가 잘 나타나
있습니다.

붉다는 글자 하나 가지고
온갖 꽃 통틀어 말하지 마라.
꽃술엔 많고 적음 차이 있으니
세심하게 하나하나 보아야 하리.

같은 문장가로서 박제가의 글을 유심히 지켜보았던 박
지원만큼 박제가를 잘 아는 사람은 별로 없겠지요. 여러 버
전 가운데 『정유각집』에 실린 「초정집서」楚亭集序입니다.

옛것을 배우는 자는 자취에 빠져드는 것이 병통이고, 새것을 만드는 자는 법도가 없는 것이 근심거리다. 진실로 옛것을 배우면서 능히 변화시키고, 새것을 만들면서 능히 법도에 맞게 한다면, 지금의 글이 옛글과 같게 될 것이다. (……) 박 씨의 아들 제가는 나이가 19세인데, 문장에 능하다. 호를 초정이라 하며 나를 좇아 노닌다. 내가 밤중에 그와 함께 이야기를 나누고 책머리에 쓴다.23)

이른바 법고창신法古創新의 논리가 등장하는 유명한 글이지요. 박지원은 옛것과 새것의 변증법적 조화를 말하는 법고창신의 논리를 제대로 설명하기 위해 「초정집서」를 여러 차례 고쳐 쓰기도 했습니다. 하지만 우리는 이 글에서 박지원이 "새것을 만드는 자는 법도가 없는 것이 근심거리다"라는 문장으로 박제가 글에 나타나는 지나친 참신성에 넌지시 경고를 날리고 있다는 사실에 주목해야 합니다(법고창신은 법고에 방점을 찍은, 조금 보수적인 논리라고 생각합니다). 박지원의 경고는 훗날 정조가 박제가와 이덕무의 글을 패관소품이라고 꼬집어 지적하며 반성문을 쓰라고 명령한 문체반정文體反正(순수한 고전 문체로 되돌리자는 뜻으로 내용은 나중에 설명하겠습니다) 사건과 일맥상통하는 부분이 있습니다.

제가 하고 싶은 말은 박제가는 한 시대를 대표할 만한 뛰어난 문장가이자 상투성을 거부하는 작가였다는 겁니다. 무슨 말인가 하면, 『북학의』 전반에 보이는 건조성과 투박성과 단순성은 그의 문장과는 가장 거리가 먼 특성이었다는 얘기지요. 물론 넘치는 재주는 숨기기 어려운 법이어서 『북학의』에도 박제가의 참신하고 고급스러운 문학성의 자취가 살짝, 그야말로 살짝 엿보이기는 합니다. 중국에서 느낀 문명의 힘을 강조하면서 박제가는 놀라운 표현을 씁니다.

꽃에서 자란 벌레는 그 날개와 더듬이에서도 향기가 난다. 똥구덩이에서 자란 벌레는 구물거리고 숨을 쉬는 것조차 추악하다. (……) 나는 우리나라 사람의 더듬이와 날개에서 향기가 나지 않을까 염려한다. ―내편「골동품과 서화」(古董書畫)

골동품과 서화의 예를 통해 문화예술의 중요성을 드러낸 조목에 등장하는 아름다운 문장입니다. 자신도 모르게 고급 문화를 애호하는 세련된 취향을 드러낸 이 부분을 제외하면 『북학의』에서 문학성의 흔적을 찾기는 매우 어렵습니다.

왜 그런 걸까요? 문장가 박제가는 어디로 간 걸까요?

이렇게 결론을 내릴 수밖에 없겠습니다. 『북학의』의 건조성, 투박성, 단순성은 박제가 본인이 의도한 바라고요. 문장에 능통한 박제가는 소기의 목적을 달성하기 위해 연행록의 틀과 문학성을 일부러 버린 것이라고요. 그렇다면 이번에는 이렇게 물어야겠지요. 자신의 고유한 글쓰기 방식까지 버리면서 박제가가 얻고자 했던 바는 과연 무엇이었을까요?

1776년, 27세에 쓴 그의 유명한 「소전」小傳에 그 실마리가 있습니다. 박제가는 자신의 이름과 호의 유래부터 설명합니다. 박제가를 이해하는 데 꼭 필요한 부분이라 인용합니다.

『대학』大學에 나오는 '수신제가치국평천하'에서 취해 제가齊家라 이름 짓고, 「이소」離騷*에서 뜻을 따 호를 초정楚亭이라 하였다.

조금 다른 이야기이지만 이 대목을 읽을 때마다 그의 아

---

* 「이소」는 중국에서 가장 위대한 시인으로 추앙받는 굴원의 대표작이자 『초사』(楚辭)를 대표하는 작품입니다. 『시경』의 시들이 중국 북방에서 탄생했다면 『초사』의 시들은 양자강 유역, 즉 남방에서 탄생했으며 『시경』에 비해 낭만주의 성향이 강합니다. 선정규 선생은 『이소, 장강의 시혼』(천지인, 2010)에서 "「이소」는 (초나라의) 부패한 정치 현실을 격정적으로 비판하면서 자신의 정치 이상과 조국의 미래에 대한 걱정과 우려를 솔직하게 드러내고 있다"라고 평했습니다.

버지 박평은 왜 하필 '제가' 같은 엄청난 이름을 그에게 붙여
주었을까 하는 안타까운 마음이 듭니다. 조금 편하고 무난한
이름이었다면 그의 삶은 달라지지 않았을까 하는 엉뚱한 생
각도 혼자서 해 보곤 합니다. 박제가는 이름과 호를 소개한
다음에는 자신의 외모와 성품을 설명합니다.

　물소 이마에 칼 같은 눈썹, 초록빛 눈동자에 흰 귀를 지녔
　다. 고고한 사람만을 가려 더욱 가까이 지내고, 권세 있는
　자를 보면 일부러 멀리하였다. 그런 까닭에 세상과 맞는 경
　우가 드물어 언제나 가난했다.

　초록빛 눈동자가 뭔지 따지는 분들이 있는데 외모의 문
제는 여기서 이렇다 저렇다 다툴 대상이 아니니 그냥 넘어가
기로 하고, 성품을 살펴보겠습니다. 박제가는 자신감이 넘
쳐흐르기 마련인 27세의 젊은 나이치고는 꽤 객관적인 눈으
로 자신의 장단점을 파악했던 듯합니다. 절친한 선배 성대중
의 아들이자 동료 검서관으로 함께 일하기도 했던 성해응은
『연경재전집』研經齋全集에 박제가의 성품을 이렇게 기록했습
니다.

박제가는 뛰어난 재능을 자부하여 남의 뒤를 좇아 움직이려 하지 않고 자기 천성이 가는 대로 스스로 터득했다. 말을 꺼내면 바람이 일어 그 예리한 칼날을 거의 맞설 수 없었다. 그를 힐난하는 자가 나타나면 기어코 꺾으려 애썼다.[24]

 사람의 성품을 이렇듯 분명한 문장으로 요약하기도 쉽지 않을 것입니다. 성해응의 사람 보는 눈도 참 대단합니다. 선비 중의 선비였던 절친 이덕무는 「정유각집서」貞蕤閣集序에서 "시가 담박스럽고 시원스러운 것이 사람과 꼭 닮았다"[25]라고 박제가의 성품을 칭찬했지만, 냉정하고 날카로운 눈썰미를 지닌 박지원의 관점은 그와는 달랐습니다. 박지원은 안의 현감을 지내던 시절 아들에게 보낸 편지에서 박제가를 "무상무도한 사람"(『연암선생서간첩』燕岩先生書簡帖)[26]이라고 표현했습니다. 도리를 모르는 형편없는 사람이라는 뜻입니다. 박지원 특유의 삐딱한 농담의 기운이 살짝 섞여 있음을 감안한다 해도 후배이자 오랜 벗인 박제가에게 사용하기엔 조금은 지나친 표현이 아닐 수 없습니다. 하지만 『열하일기』「도강록」에 기록된 벽돌 에피소드를 살펴보면 박제가의 성격은 역시 이덕무의 묘사보다는 성해응이나 박지원 쪽에 가깝다는 느낌이 듭니다.

언젠가 박제가와 성의 제도에 대해 논하고 있었다. 어떤 자가 말했다.

"벽돌의 견고하고 굳셈이 어찌 능히 돌을 감당할 수 있으리오?"

박제가가 버럭 소리를 질렀다.

"벽돌이 돌보다 낫다고 하는 말이 어찌 벽돌 한 개와 돌 한 개를 비교해서 말하는 것이겠느냐?"

이 말이 촌철살인의 논의였다.

성품에 대한 이야기가 길어졌습니다. 박제가의 타협을 모르는 직선적이고 극단적인 성품은 그의 삶 전반에 그리고 『북학의』라는 책의 역사에 커다란 영향을 미쳤기 때문에 좀 길게 썼습니다. 박제가가 자신의 성품을 설명한 대목 뒤에는 비로소 진짜 소개하고 싶었던 중요한 문장이 등장합니다.

어려서는 문장가의 글을 배우더니, 장성해서는 국가를 경영하고 백성을 제도할 학문을 좋아하였다.

27세의 박제가가 자신의 관심이 문장에서 경제로 옮아

갔음을 고백하는 부분입니다. "국가를 경영하고 백성을 제도할 학문"의 원문은 경제지술經濟之術입니다. 박제가 채제공의 종사관으로 발탁되어 중국으로 떠난 건 1778년 3월 17일, 즉 그의 나이 29세 때입니다. 박제가의 진술을 사실로 받아들인다면 이때의 박제가는 이미 문장이 아닌 경제, 즉 경세제민經世濟民에 온통 관심을 쏟고 있는 사람이었습니다(이는 지금 우리가 사용하는 '경제'와도 대략 통한다고 볼 수 있습니다). 그러므로 『북학의』는 문장가 박제가가 쓴 책이 아니라 경제 전문가를 꿈꾸던 박제가가 쓴 책이 되는 셈입니다. 1777년 중국의 명사 이조원에게 보낸 편지 「이조원에게 답함」答雨村書에 등장하는 문장을 보면 그 점이 더욱 명확해집니다. 이 편지는 박제가의 셋째 아들 박장암이 엮은 『호저집』縞紵集*에 실려 있습니다.

> 시는 억지로 지어서는 안 되며, 문장은 경제와 같이 가야 한다고 생각합니다. (······) 민생이 날로 궁핍해짐을 슬퍼하고 동지들이 대부분 가난한 것이 가엾습니다. 중국의 제도를 배워 (······) 벗들의 삶에 어긋남이 없게 하는 것이 오랜 고심입니다.27)

---

* '호저'란 '친구 사이에 마음을 담아 주고받는 선물이나 먼 곳에 떨어진 이와 나누는 교제'를 뜻하는 말로 이 책에는 박제가가 중국 문인들과 교유한 시와 편지 등이 실려 있습니다.

결론적으로 말하자면 중국을 다녀오고 『북학의』를 쓸 무렵 박제가의 관심은 온통 경제에 꽂혀 있습니다. 그는 때로는 양반들조차 끼니를 걱정해야 할 정도로 대책 없이 가난한 나라 조선에 그 무엇보다도 경제 논리가 필요하다는 사실을 설명하기 위해 비유적이거나 아름답거나 복잡한 문학적 표현이 아니라 수식이 별로 없는 명쾌하고 단정적인 문장을 사용했습니다. 그랬기에 『북학의』는 책을 펼치는 이는 누구나 이해할 수 있는 단순한 논리로 점철된, '중국을 배우자'라는 선전 문구가 줄기차게 나오는 책이 되었던 거죠. 여기에 앞에서 말했던 박제가의 직선적인 성격, 20대 후반이라는 혈기 넘치는 나이 그리고 앞으로 자세히 말하겠지만 서얼이라는 신분적 한계, 게다가 놀고먹는 백수라는 상황까지 더해져('제가'라는 무거운 이름도 숙명으로 작용했다고 봅니다!) 우리가 아는 단순하고 과격한 책으로 탄생합니다. 황현산 선생은 이상의 「오감도」를 비평하며 "폐허에서는 어떤 경치도 절승일 수 없으며 따라서 미문은 신기루의 함정이다"[28]라는 문장을 썼습니다. 저는 이 문장이 조선이라는 폐허 직전의 나라와 20대 서얼 청년 백수라는 절벽에 섰던 박제가에게도 적용될 수 있는 논리라 생각합니다. 박제가는 폐허와 절벽을 제대로 드러내기 위해 일부러 미문을 피했던 것입니다.

명문장가였던 29세의 백수 청년 박제가는 자신의 꿈을 새로 결정했습니다. 경세가가 되어 조선을 바로잡는 것, 사대부들이 망쳐 놓고 있는 조선을 개혁하는 것, 가깝게는 벗들, 멀게는 백성들의 삶의 질을 개선하는 것, 그래서 성공한 개혁가로 이름을 널리 알리는 것, 이것이 바로 박제가의 꿈이었습니다. 경세가는 '경륜으로 세상을 다스려 가는 사람'이라는 뜻입니다. 그 마음은 다음과 같은 선언적인 문장으로 『북학의』「자서」에 모습을 드러냅니다.

백성들의 생활은 날이 갈수록 곤궁해지고, 국가의 재정은 날이 갈수록 궁핍해지고 있다. 상황이 이런데도 불구하고 사대부가 팔짱을 낀 채 바라만 보고 구제하지 않을 것인가?

2

백수 청년이 경세가를 꿈꾼 이유

빙 둘러 있는 성 한가운데에 백탑이 있다. 멀리서 삐죽 솟은 것을 보면 마치 설죽의 새순이 나온 듯하다. 여기가 바로 원각사의 옛터다. 지난 무자년(1768)과 기축년(1769) 사이에 내 나이는 열여덟, 열아홉이었다. 미중 박지원 선생이 문장에 조예가 깊어 당대에 으뜸이란 말을 듣고, 마침내 백탑의 북쪽으로 가서 찾아뵈었다. (······) 당시 형암 이덕무의 집이 북쪽으로 마주 보고 있었고, 낙서 이서구의 사랑은 그 서편에 솟아 있었다. 수십 걸음 떨어진 곳은 서상수의 서루였고, 거기서 다시 꺾어져 북동쪽으로 가면 유금과 유득공이 사는 집이었다. 나는 한번 갔다 하면 돌아오는 것도 잊고 열흘이고 한 달이고 연거푸 머물곤 했다.

—「백탑청연집 서문」(白塔淸緣集序)

일반적으로 백탑파 시절이라 불리는 이 시기(1766-1776년 즈음), 즉 박제가 나이 17세부터 27세까지 10여 년의 기간은 그의 인생에서 가장 찬란했던 화양연화 시절이었습니다. 박제가는 남들에게 행복했다고 자랑하기에는 어려운 어린 시절을 보냈습니다. 서얼 신분의 아들에게는 유일한 희망이었을 아버지 박평은 고위 관료를 역임한 유능한 사람이었으나 박제가가 11세 때 세상을 떠났고, 무슨 사정이 있었는지 정확히 알기는 어려우나 그 이후 본가를 떠난 박제가와 어머니는 묵동, 필동 등으로 여러 차례 이사를 하며 힘겹게 살았습니다. 박제가 인생의 첫 시련은 오로지 어머니의 헌신 덕분에 이겨 낼 수 있었습니다. 어머니를 회상하며 쓴 박제가의 따뜻한 문장은 『북학의』와는 전혀 다릅니다.

어머니는 몸에는 온전한 옷을 걸치지 못하셨고, 입에는 맛있는 음식을 대지 못하셨습니다. 새벽까지 잠 못 들며 남을 위해 삯바느질을 하시며 자식을 공부시키셨습니다. 자식이 교우하는 사람 중에는 모모 선생 등 당시에 이름난 사람이 많았는데 반드시 힘껏 불러들여 술과 안주를 갖추어 대접하시곤 했습니다. 그 자식을 보는 자들은 실제로 그 집안의 가난한 사정을 알지 못했습니다. 제가 공부에만 뜻을 두어 오늘에까지 이른 것은 모두 어머니께서 주신 것입니다.

—「관헌 서상수에게 주다」(與徐觀軒 常修)

어머니가 자신을 희생해 가며 기틀을 마련해 주었으니 다음은 박제가의 몫이었지요. 박제가는 우정의 힘으로 자신의 삶을 개척했습니다. 그 시작은 아홉 살 연상인 이덕무였지요. 이덕무가 쓴 글을 보시죠.

(우리는) 때때로 비바람 들이치는 부서진 집에서 쓸쓸히 서로 마주했다. 백 질이나 되는 책을 어지럽게 늘어놓고, 그 중간에 등불 하나만을 밝혀 두고 마음을 쏟으며 이야기를 털어놓았다. 서로 감추는 바가 전혀 없었다. —「정유각집서」

이덕무와의 만남으로 시작된 백탑파와의 인연은 박제가의 삶을 완전히 바꿔 놓았습니다. 처음 만난 10대 소년 박제가에게 당대 최고의 문장가 박지원(나이는 열세 살이나 많지요)이 손수 밥을 차려 주는 대목은 감동적이기까지 합니다.

선생께서는 내가 왔단 말을 들으시더니 옷을 걸치며 나와 맞이하시는데, 마치 오랜 친구처럼 손을 잡아 주셨다. 마침내 당신이 지은 글을 모두 꺼내 와 읽게 하셨다. 몸소 쌀을 씻어 차솥에 안치시고, 흰 주발에 밥을 담아 옥소반에 받쳐 내오셔서는 잔을 들어 나에게 축수해 주셨다.

—「백탑청연집 서문」

이덕무와 박지원만으로도 대단한데 놀랍게도 그 동네에는 이서구, 서상수, 유금, 유득공도 살았습니다. 자세히 설명은 하지 않겠으나 다들 대단한 인물입니다. 조금 과장하자면 카프카와 보르헤스와 헤밍웨이가 한동네에 사는 격이었지요.

"한번 갔다 하면 돌아오는 것도 잊고 열흘이고 한 달이고 연거푸 머물곤 했다"라는 고백에서 알 수 있듯 박제가는 이 교우에 목숨을 걸다시피 했습니다. 외롭고 힘들었던 그에게 벗은 "형제지만 기운(피)을 나누지 않고 부부지만 한집에 살지는 않는, 하루라도 없으면 양쪽 팔을 잃은 것과 같은"(「밤에 이서구의 집에서 자며」夜宿薑山) 특별한 존재였지요. 박제가는 이 각별했던 우정에 대해 다음과 같이 고백했습니다.

나는 백 가지 중에 하나도 능한 것이 없지만, 어진 사대부와 함께 노닐기를 즐긴다. 이들과 친해지면 또 하루 종일 마음을 쏟아 그만둘 수가 없다. 사람들이 한가할 날이 없다고 웃곤 한다.

——「장난 삼아 왕어양의 세모회인시 60수를 본떠 짓다」(戲倣王漁洋歲暮懷人六十首)

나쁜 일도 그렇지만 좋은 일 또한 함께 오는 법이지요. 이즈음 박제가가 이관상의 서녀와 혼인해 가정을 이뤘다는 사실도 밝히고 넘어가야겠습니다. 그러나 새신랑 박제가에게는 아내보다 벗이 우선이었습니다. 「백탑청연집 서문」을 보면 박제가는 첫날밤부터 제대로 외박을 했습니다. "장인어른의 좋은 말"을 끌고 나온 박제가는 "여러 벗의 집을 차례로 거쳐 백탑을 한 바퀴 돌아 나왔"습니다. 벗들은 그를 "(혼례를 앞둔) 왕양명이 우연히 철주관 도인을 만나 (이야기를 나누다) 돌아오는 것조차 잊었던 일"에 비유하며 호탕하다고 추켜세웠지만, 홀로 외로이 밤을 보낸 아내가 보기엔 꼭 그렇지만은 않았겠지요. 아내에게 그나마 위안이 되었던 일은 박제가가 장인 이관상, 처남 이한주를 아버지나 형처럼 각별하게 대했다는 사실이었을 겁니다.

백탑파에 대해 짧게 설명하겠습니다. 백탑파는 백탑(지금도 탑골공원에 남아 있는 원각사지 10층 석탑) 근처에 사는 비주류 지식인 모임을 말합니다. 강제성이 없는 느슨한 연대 집단으로 박제가가 언급한 인물들 외에 김용겸, 홍대용, 정철조, 원중거, 성대중, 윤가기, 이희경, 이희명 등이 주요 구성원인데, 각각의 신분과 나이 편차가 매우 컸습니다. 김용겸은 김상헌의 후손으로 이른바 육창六昌*의 한 사람인 김창집의 아들이었습니다. 높은 관직을 역임한 적은 없지만 가문이 가문인지라 선비들 사이에서 영향력은 꽤 컸지요. 박지원과 홍대용과 이서구 또한 명망 있는 노론 가문의 자손이었고, 정철조는(대단한 기인으로 석치石癡란 호에서 알 수 있듯 벼루에 미쳐 있었죠) 소북 집안 출신이었으나 과거에 급제해 지평과 정언 등을 지냈습니다. 다른 이들은 모두 서얼이었는데 『북학의』와 관련이 가장 많은 인물인 이희경에 대해서는 별도의 설명이 필요합니다.

이희경은 1745년생으로 1750년생인 박제가보다 다섯 살이 많았습니다. 그 당시 다섯 살 차이는 아무것도 아니어서 박제가와 상당히 가깝게 지냈습니다. 『정유각집』에는 이희경과의 교우 관계를 보여 주는 시문이 다수 수록되어 있는데 이덕무만큼은 아니지만 박지원보다는 훨씬 많습니다. 박제

---

* 영의정을 지낸 김수항의 여섯 아들인 김창집, 김창협, 김창흡, 김창업, 김창집, 김창립을 말합니다. 이들은 학식과 인품이 뛰어나기로 유명했습니다.

가는 이희경의 아버지 이소와도 친분이 있었고 이희경의 동생 이희명과도 가까웠습니다. 과거 시험장에서는 이희명의 도움을 받아 답안지를 완성하기도 했습니다(이 사실은 『북학의』 외편 「정유년 증광시에 제출한 시사책」附丁酉增廣試士策에 자랑스럽게(?) 기록되어 있습니다). 박제가가 필생의 역작으로 여겼던 『북학의』에 이희경의 글 두 편(「농기도서」農器圖序, 「용미차설」龍尾車說)을 실었다는 사실이 둘의 교우 관계에 대해 많은 부분을 말해 줍니다. 백탑파에서 이용후생을 가장 깊이 파고들었던 사람이 바로 박제가와 이희경이었습니다. 불우한 인생을 살았던 탓에 이희경은 다른 이들에 비하면 구체적인 면모가 드러나 있지는 않습니다. 하지만 은근히 까다롭기로 유명한 박지원이 그를 평생 곁에 둔 사실로, 보아 무난한 성격이었을 듯합니다. 1780년대 후반 호조판서 서유린이 춘당대에 벽돌로 계단을 쌓아 달라고 부탁하자 박지원은 이희경에게 도움을 청했습니다. 『과정록』過庭錄**에 나오는 문장을 인용합니다.

아버지는 이희경에게 중국의 제도를 따라 가마를 제작하게 하였으며, 벽돌의 크기 또한 중국의 제도를 따랐다.[1]

** 박지원의 둘째 아들 박종채가 쓴 박지원 전기입니다. '과정'은 『논어』 「계씨」 편에서 공자의 아들 백어가 뜰에서 자신에게 가르침을 베푼 아버지를 회상한 데서 유래한 말로 과정록은 '자식이 아버지의 언행과 가르침을 기록한 글'이라는 뜻입니다.

가마와 벽돌은 북학의 기술이 실제로 적용된 몇 안 되는 사례입니다. 박지원과 이희경은 가마를 제작하고 벽돌 수십만 개를 구웠는데, 여러 가지 이유로 정작 계단 쌓는 일에는 사용되지 못했던 벽돌이 수원 화성을 건축할 때 제 몫을 합니다. 박지원의 임종을 지켜본 이 또한 백탑파에서는 이희경이 유일합니다. 앞에서도 말했듯 이희경의 생은 대체로 불행했습니다. 『북학의』에 실린 이희경의 글 「농기도서」를 보실까요.

나는 운명이 본래 기구한 데다가 재능과 학식이 부족하다. 위로 밝으신 임금님을 보좌하여 한 세상을 다스릴 능력이 부족하므로 앞으로는 밭도랑 사이에서 늙어 죽을 때까지 농사에 힘쓰고자 한다.

재능과 학식이 부족하다는 말은 겸사로 봐야 합니다. 그가 농사꾼이 되기로 결심한 이유는 "우리나라는 인재를 등용할 때 오로지 문벌과 지체만을 숭상"하기 때문입니다. "정승 판서의 아들은 정승 판서가 되고, 서민의 아들은 서민이 되기" 때문입니다. 이희경은 서얼이었습니다. 그의 논리대로라면 조선에서 서얼의 아들은 서얼이 될 뿐입니다. 결국 이희경은 1780년 서울을 떠나 홍천에서 농사를 지으며 살았습니다. 자신과 관심사가 유독 비슷했던 지기를 떠나보내는 박제가의 마음은 굉장히 무거웠을 것입니다. 이희경을 전송하며 쓴 시입니다.

> 봄풀이 우거진 때 그대를 보내노니
> 산골 창문 어둑하면 나를 그리겠지.
> 가난해도 베풀기 좋아하니 협객이며
> 밭 갈며 책을 보니 바로 선비일세.
>
> ―「홍천협으로 가는 윤암 이희경을 전송하며」(次韻綸菴送之洪川峽)

다섯 차례의 중국행, 백탑파 시절, 박지원과 박제가와 맺은 평생의 친교가 이희경의 삶에서 가장 빛나는 부분이었습니다. 1801년 그의 동생 이희영은 신유사옥에 연루되어 사형을 당했고, 이희경의 몰년은 알려져 있지 않습니다. 고전소설의 통속적인 표현을 가져오면 부지소종不知所終, 어디서 어떻게 삶을 마쳤는지 아무도 알지 못합니다.

다시 백탑파로 돌아오겠습니다. 구성원 간 나이 차를 보면 김용겸은 1702년생, 원중거는 1719년생, 홍대용과 박지원은 각각 1731년생과 1737년생이며 가장 어린 축에 드는 박제가와 이서구는 각각 1750년생과 1754년생입니다. 김용겸과 이서구의 나이 차는 무려 52년입니다.

신분과 나이가 다른 이들이 한자리에 어울릴 수 있었던 데에는 거지부터 정승까지 사람을 가리지 않고 사귀었던 박지원의 파락호 같은 독특한 성향이 크게 작용했으리라 생각합니다. 이 시절 백탑파는 김현영 선생의 표현대로 "신분의 높낮이도 없고 같은 당, 다른 당도 없고 오직 세상에 대한 견문과 아름다운 문장으로 평가되는 이상세계"였습니다.[2)]

백탑파라는 작고 완벽한 우주에 가장 열광한 사람은 박제가였습니다. 그는 아예 백탑파 자체가 되어 살았다고 해도 과언이 아닙니다. 좋은 예가 있습니다. 어느 겨울날, 달빛이 어스름하다는 이유만으로 막걸리를 들고 유금의 집을 찾았던 박제가는 내친김에 이덕무의 집까지 찾아갑니다. 조용하던 두 집을 시끌벅적하게 만들어 놓고는 천연덕스럽게 시를 읊지요.

초저녁 유금을 만나 보고는
새벽에 이덕무를 찾아간다.
오늘 밤도 반 너머 지나갔으니
이처럼 한 해도 저물어 가리.

안 그래도 백탑파에 빠져 살았던 박제가를 거의 정신을 잃도록 흥분시키는 사건이 하나 있었습니다. 바로 홍대용의 중국행입니다. 1765년 11월 중국을 방문하고 돌아온 홍대용은 1766년 『회우록』會友錄을 완성했습니다. 반정균, 엄성, 육비 등 중국 선비와 이른바 천애지기를 맺은 내용이 자세히 실렸습니다. 박제가를 비롯한 백탑파 구성원들은 오랑캐인 만주족이 다스리는 청나라의 발전된 문물에도 관심을 가졌지만, 다른 사람도 아닌 요순이나 공맹의 후예인 중국인과 실제로 교우를 맺을 수 있다는 사실에 깜짝 놀랐습니다. 점잖기로 소문난 이덕무 또한 『회우록』의 내용을 재구성해 『천애지기서』天涯知己書라는 이름의 책으로 만들고는 다음과 같이 썼을 정도였습니다.

홍대용의 자는 덕보, 호는 담헌이다. 널리 배우고 옛 제도를 좋아했다. 을유년(1765) 겨울에 그의 계부 서장관 홍억을 따라 북경에 갔다. 그때 항주의 명사인 엄성, 육비, 반정균 등을 만났다. 그들과 나누었던 필담과 서간은 그 하나하나가 모두 훌륭했으며, 이국에서 지기를 맺고 돌아왔으니, 이

또한 성대한 일이라 하겠다.[3)]

이덕무가 훌륭했다고 말한 서간의 예를 하나 들어 보겠습니다. 엄성이 홍대용에게 보낸 편지로 『천애지기서』에 실려 있습니다.

무릇 꿇고 앉아 편지를 읽었습니다. 지나치게 추켜세워 주시니 부끄러워 감히 감당하지 못하겠으며, 선생의 뜻을 서술한 점과 나를 아껴 주시는 말에 이르러서는 슬픈 마음이 얽혀 반복해서 읽노라니 눈물이 절로 쏟아졌습니다. 아, 먼 이국 사람과 지기를 맺은 것은 천고에도 없던 일입니다. 우리들은 벽촌의 비루한 사람으로 다행히 중국에 태어났으므로 교유가 자못 넓기는 합니다. 그러나 형과 같이 친절하고 간곡한 사람은 보지 못하였습니다. 감격한 나머지 손이 떨리니 가슴속의 터질 듯한 이 마음을 천만 번 말하려 해도 편지로는 다 할 수가 없습니다.

중화의 본고장에서 태어난 중국인 엄성이 홍대용 같은 조선인 형을 만나서 감격했다는 내용입니다. 신중한 이덕무가 홍분을 감추지 못할 정도였으니 매사에 직선적이었던 데

다가 우정에 모든 것을 걸다시피 했던 박제가는 어떠했을까요? 박제가가 서상수에게 보낸 편지의 일부입니다.

『회우기』를 보내드립니다. 제가 평소 중원을 무척 사모하지 않은 것은 아니지만, 이 글을 보고 나니 다시금 갑자기 미칠 것 같았습니다. 밥상을 두고도 수저 드는 일을 잊어버리고 세숫대야 앞에서도 씻는 것을 잊을 정도입니다. (……) 이제 담헌 홍대용 선생께서 하루아침에 천애지기를 맺어 그 풍류와 문묵이 아름답게 빛나고 있습니다. 사귄 사람들은 모두 다 지난날 책 속에서 본 인물들이며, 주고받은 말들은 모두 하나하나 우리들의 가슴과 머릿속에 박혀 있던 것들입니다. ─「관헌 서상수에게 주다」

용광로처럼 뜨겁게 달아오른 마음에 불을 붙인 것은 1776년 백탑파의 일원인 유금이 중국에 가게 되면서 가져간 『한객건연집』韓客巾衍集('조선인이 보자기에 싸서 가져온 책'이라는 뜻으로 이조원이 붙여 준 이름이지요)이었습니다. 혹시나 하는 마음으로 이덕무, 유득공, 이서구, 박제가 4인 한객의 시집을 가져간 유금은 뜻밖에도 이조원, 반정균 등의 명사에게서 비평과 서문을 받아 왔습니다. 청년 문학동호회에서 낸 시집이 해외 명사들에게 극찬을 받은 격입니다. 조선인에게 반정균은 스타나 마찬가지였고, 이조원은 개인 도서관까지 가지고 있는 명문장가로 인사행정 업무를 담당하는 현직 6품 관원이기도 했습니다. 반정균이야 홍대용과의 인연이 있으니 외면하기가 힘들었겠지만(반정균이 쓴 서문에는 홍대용의 이름이 더 자주 나옵니다) 그다지 큰 인연도 없었던 이조원의 극찬은 그야말로 뜻밖이었지요. 유금의 돌격대원 같은 우격다짐식 방문이 없었더라면 받아 내기 힘든 글이었습니다. 이조원이 쓴 『한객건연집』 서문을 보실까요.

문을 두드리는 소리를 듣고 열어 보니 준수하고 풍채 좋은 선비가 있었다. (……) 누구시냐고 물었는데 눈만 멀뚱멀뚱 한마디 말도 알아듣지 못했다. 붓을 들고 필담을 나누고서야, 비로소 천자의 신년을 하례하기 위해 조선에서 중국에 온 부사 예조판서 서호수 막하의 차비관으로 시집을 구하기 위해 방문했다는 것을 알았다. (……) 지금 사가의 시를 살펴보니, 신중하면서도 웅장한 것은 그 재주요, 맑고 우렁차게 울리는 것은 그 절주요, 크고 넓은 것은 그 기상이요, 정중한 것은 그 말이니…….[4]

의례적인 칭찬의 느낌도 꽤 있습니다만 이미 이조원에게 꽂힌 박제가는 절대 그렇게 생각하지 않았을 겁니다. 박제가는 당장 붓을 들어 답장을 썼습니다.

평점한 말들을 보니 폐부를 찌르며 하나하나 마음에 합당함이 있었으니 결코 예사로이 지나쳐 버릴 만한 것이 아니었습니다. 곧장 너울너울 가벼이 연경으로 날아가 얼굴을 뵙고 향을 사른 후 큰절을 하고 돌아오고 싶은 마음이 일었습니다.

과장된 문장이 좀 거슬리기는 하지만 서문과 비평에 대한 간곡한 감사의 표현으로 볼 수도 있겠습니다. 그러나 그 뒤에 이어지는 내용은 중국병 환자답게 정도가 좀 더 심합니다.

저는 하늘이 저의 정성을 살피시어 조공 가는 사신을 수행하기를 바라고 있습니다. 말을 끄는 미천한 사람이라도 되어서 중국의 산천과 인물의 장대함, 궁실 건축과 수레와 배를 만드는 제도, 농사를 비롯한 온갖 기술과 산업의 종류를 마음껏 보고자 합니다. 꼭 견학하고 싶은 것을 하나하나 서면으로 작성하여 선생께 여쭈고 싶습니다. 그런 뒤에 돌아와 밭 사이에서 죽는다 해도 한이 없겠습니다.

—「갱당 이조원에게 주다」(與李羹堂 調元)

어떻습니까? 그야말로 비굴, 또 비굴이지요. 굳이 "밭 사이에서 죽는다"라는 말까지 보탠 이유는 뭘까요? 다시 말하지만 박제가는 좋게 말하면 국제인, 나쁘게 말하면 애국심(?)과는 참 거리가 먼 사람이었습니다. 이 책은 『북학의』를 설명하는 데 목적이 있으므로 저는 박제가의 편에서 변명을 하고자 합니다. 그러기 위해서는 이 장 첫머리에 언급했던 「백탑청연집 서문」으로 돌아가야 합니다. 찬란했던 시절을 추억한 후 박제가는 느닷없이 어조를 전환해 이렇게 말합니다.

그 후 지금까지 육칠 년 사이에 뿔뿔이 흩어져 지내면서 가난과 질병이 찾아들었다. 이따금 서로 만나 모두 별 탈 없는 것을 다행으로 여기기는 해도, 풍류는 지난날만 못하고 낯빛도 예전 같지 않다. 그제야 비로소 벗과 노니는 데도 진실로 성쇠가 있어, 피차간에 각기 한때일 뿐임을 알게 되었다.

26세 청년이 쓴 글이 아니라 꼭 노인의 글 같지 않습니까? 우리는 이 글을 통해 백탑파의 전성기가 10년이 아니라 실은 4-5년을 채 넘기지 못했다는 사실을 확인하게 됩니다. 그렇다면 백탑파가 어떻게 변했기에 열혈 구성원이었던 박제가 탄식까지 했는지를 알아보는 게 순서이겠지요. 1774년 백탑파의 막내 이서구가 21세의 나이에 과거에 급제한 사실을 먼저 언급해야겠습니다(어린 나이에 과거에 급제했던 이서구는 훗날 백탑파에서 가장 높은 관직에 오른 사람이 되었습니다). 관직과는 거리가 먼 은둔 처사처럼 보였던 홍대용 또한 이즈음 음서로 세손익위사 시직 자리에 올랐습니다, 당시 세손이었던 정조를 가르치는 일이었죠. 젊은 선비가 과거에 급제하고 재야의 선비가 관직에 진출한 것이 딱히 놀라운 사건은 아닙니다. 양반이라면 늘 바라는 일이면서 당연히 해야만 하는 의무이기도 했습니다. 그러나 백탑파의 다수를 차지한 서얼들은 부러운 눈으로 그들을 바라볼 수밖에 없었습니다. 앞에서도 인용했듯 백탑파는 "신분의 높낮이도 없고 같은 당, 다른 당도 없고 오직 세상에 대한 견문과 아름다운 문장으로 평가되는 이상세계"였습니다. 현실은 달랐습니다. 양반은 열심히 공부하면 과거에 급제해 뜻을 펼칠 수 있었고, 마음만 먹으면 관직은 어렵지 않게 얻을 수 있었지요(과거를 보지도 않은 박지원은 훗날 양양 부사 자리에까지 올랐습니다). 서얼에게는 꿈과 같은 일이었습니다. 그들에게 보장된 유일한 자리는 평생 백수라는 지겨운 명함이 다닥다닥 붙은 차가운 진흙 바닥이었습니다. 백탑파는 이상세계가 아니었습니다. 백탑파 내부에도 역시 양반과 서얼의 신분 차이는 엄연히 존재했던 것입니다. 눈을 감고 입을 다물고 고개를 돌리고 모른 체했을 뿐이었지요. 그런 의미에서 1776년 서얼의 좌장 격이었던 원중거의 낙향은 백탑파의 붕괴 내지 종말을 알리는 상징적인 사건이라 할 만합니다. 감정이 격해진 박제가는 서울을 떠나는 원중거를 배웅하며 마음속 생각을 거침없이 토로합니다.

현천 원중거 공은 진사로 집안을 일으켜 낭서에서 이십여 년간을 부침하다가 뒤늦게야 역참의 찰방을 제수받았다. 하지만 얼마 못 가 파직되어 그만두었다. 궁함과 굶주림과 좌절 속에서도 다른 이를 포용하되 휩쓸리지 않았고 분수에 편안하며 시세를 알았다. 중간에 서기로 뽑혀 일본에 갔다. 일본 인사들이 앞다투어 현천 선생이라 일컬었다. (……) 아아! 지금의 사대부는 과거나 문벌, 붕당이 아니고서는 위로는 벼슬길에 미치지 못하고 아래로는 상공업에도 종사하

지 못한다. (……) 굶주려 장차 죽을 지경인데도 오히려 사
대부라는 이름만을 뒤집어쓴 채 농부조차 되지 않으려는 자
는 무엇 하는 사람이란 말인가?

—「현천 원중거를 전송하는 글」(送元玄川重擧序)

　　낭서는 각 관서의 6품 당하관을 말합니다. 원중거가 훌
륭한 재주를 지녔음에도 하위직만 전전했다는 뜻이지요. 외
직인 찰방에 임명되어 처지가 좀 나아지는가 싶었는데 고작
60일 만에 파직당했습니다. 이것이 바로 설령 과거에 합격하
더라도 문벌과 붕당의 혜택을 전혀 받지 못하는 서얼의 운명
이라고 박제가는 보았습니다. "사대부"라고 썼지만 실은 서
얼의 처지에 대한 자괴감이 강하게 드러난 글이라고 보는 게
옳겠지요. "무엇 하는 사람이란 말인가" 하는 질문은 박제가
가 스스로에게 던진, 회의감으로 가득한 탄식이라고 봐야겠
지요. 서울에서 탈출, 아니 쫓겨나는 일은 곧 서얼들에게는
하나의 현상이 됩니다. 원중거를 시작으로 백동수, 이희경
등이 줄줄이 낙향합니다. 물론 백탑파의 쇠퇴를 양반과 서얼
이라는 신분의 차이로만 설명하는 건 온당하지 않습니다. 봄
여름가을겨울이 노래했듯 '사람들은 모두 변하기' 마련입니
다. 혼자일 때는 우정에 목숨을 걸 수 있습니다. 벗들과 밤

새워 문장을 논하고 세상을 마음껏 비판할 수 있습니다. 그러나 혼인을 하고 자식이 생기고 생계 문제가 발목을 잡으면 아무래도 벗들과는 뜸해지기 마련입니다. 마음이 괜히 분주해져서 글을 짓고 술을 마시는 자리도 피하기 마련입니다. 우정도 좋고 꿈도 좋고 예술도 좋지만, 입에 풀칠은 하고 살아야 하니까요. 그러므로 백탑파의 쇠퇴는 어찌 보면 자연스러운 일이기도 했습니다. 여기에 더해 박제가에게는 개인적인 불행이 줄줄이 이어졌습니다. 1770년 아버지 같던 장인 이관상이 세상을 떠났고 1773년에는 삯바느질로 아들을 번듯하게 키워 낸 홀어머니가 세상을 떠났습니다. 1774년에는 친구 같던 처남 이한주가 불의의 사고로 세상을 떠났습니다. 박제가가 쓴 이한주의 제문에는 「백탑청연집 서문」 후반부의 쓸쓸한 정서와 비슷한 문장이 있습니다.

> 이제 몽직은 한마디 말도 남길 겨를이 없이 옛 친구들과 분명히 헤어져 죽었으니, 하늘을 탓하게 하고 사람들을 슬프게 하는구나.
>
> —「이몽직의 제문」(祭李夢直文)

앞서 인용했던 「밤에 이서구의 집에서 자며」에 나오는 구절을 다시 인용하는 게 좋겠습니다. "형제지만 기운을 나누지 않고 부부지만 한 집에 살지는 않는", 하루라도 못 보면 견디기 힘든 진하디진한 우정을 노래했던 박제가는 뭔가를 예감했던 듯 이렇게 썼습니다.

서로 따라 세월도 잊어버리니 이 즐거움 언제나 끝이 날 건가.

그렇습니다. 건장했던 이한주가 잘못 날아온 화살에 맞아 비명횡사했듯 흐르는 세월 속에서도 변하지 않고 영원할 줄 알았던 우정에도 결국 끝이 있었던 것입니다. 아니, 어쩌면 이미 예견했던 바이기에 박제가에게는 오히려 더 비극적이었지요. 아름다웠던 시절 또한 "피차간에 각기 한때일 뿐"이었습니다. 이 시기 박제가의 복잡한 마음을 잘 드러내는 글이 있습니다.

특별한 풍류는 지금 내게 있건만
스물여섯 해 되도록 이룬 것 하나 없네.

—「관재에서 밤에 술을 마시며」(觀齋夜飮)

암담함 속에서도 계절은 밀려들어

봄 오자 며칠 동안 바람만 끊임없다.

—「이희경의 서루에서」(十三書樓)

백탑파에 정신없이 취해 지냈던 박제가도 이제 서른이
코앞입니다. 다들 살길을 찾아가는데 혼자만 영원히 백수로
살아갈 수는 없습니다. 그러나 서얼 박제가에게 길은 좀처럼
보이지 않습니다. 반쪽뿐인 양반의 길을 가기도 어렵고 포기
하기도 어렵습니다. 고민에 빠진 박제가는 이름뿐인 선비의
삶을 포기하고 싶다는 생각까지 합니다. 배나 한 척 장만해
여기저기 떠돌며 장사를 하고 싶다는 바람을 드러내고, 귀향
해 농사나 지어 볼까 하는 소박한 소망도 드러냅니다.

내 손수 가벼운 배 한 척 만들고자
통나무 가운데를 반반하게 깎으리라.
(……)
책상과 침상을 병풍으로 둘러 두고
걸린 닻과 걸린 노도 모두 새로 마련하리.
다닐 때는 거마 삼고 쉴 때는 집 삼으면
몇 식구 처자식 먹고살 일 걱정 없네.
눈처럼 흰 그물을 석양볕에 널어놓고

대숲 밖에서 쏘가리를 팔고서 돌아오리.

선비 이름 내버리고 장사꾼의 무리가 되어

강회와 오월 땅을 왔다 갔다 하리라.

—「광흥창 아래 배에서 자고 이경에 조수를 타고

운양나루에 이르다」(舟宿廣興倉下 二更乘潮至雲陽渡)

궁벽한 시골에다 집을 사고서

차라리 문풍을 떨쳐나 볼까.

(……)

뜬 이름은 공령문 밖에나 있고

진정한 뜻 농사일 힘씀에 있지.

—「배를 타고 가며」(舟行雜詠)

무언가 하지 않고서는 도저히 견딜 수 없었기에 박제가
는 1777년 증광시에 응시해 3등 합격자 53인에 들기도 했습
니다. 그런데 과거 시험의 시제가 박제가에게 무척 의미심장
한 말이었습니다. "묻노라, 과거를 베푸는 것은 선비를 시험
하고자 한 것이다." 하늘은 박제가를 지켜보고 있었나 봅니
다. 이거야말로 박제가 개인을 위해 출제된 것이나 다름없는
문제였지요. 안 그래도 여러 가지 불만이 많았던 박제가는

과거 제도의 문제점을 조목조목 지적하는 내용으로 답안지를 채웠습니다. 이 답안의 내용은 「과거론2」科擧論의 부록으로, 그러니까 과거 제도의 폐단을 보여 주기 위한 용도로 『북학의』에 실렸습니다.

공령문이라는 껍데기로 한 개인의 내면에 온축한 포부를 점치고, 들뜨고 허황한 상투어로 천하의 문장을 구속하려 하며, 한순간의 잘잘못으로 평생의 진퇴를 결정하는 것이 바로 오늘날의 시험입니다. 명성으로 선비를 시험하면 앞다투어 명성을 얻으려 하고, 이익의 성취로 선비를 시험하면 앞다투어 이익을 추구하려 합니다. 품계와 녹봉이 미끼가 되고 일신의 영달이 시험에 달려 있습니다. 따라서 물과 불 속에 잘 들어가는 것으로 시험을 치른다면 물과 불 속으로 뛰어들지 않을 자가 거의 없을 것입니다.

— 외편 「정유년 증광시에 제출한 시사책」(附丁酉增廣試士策)

박제가는 답안지 뒤에 붙인 후기에 "답안을 제출한 자체로 만족했을 뿐 합격하고 말고는 마음에 두지 않았다"라고 제법 쿨하게 심경을 밝혔습니다. 그러나 원래는 1등이었는데 격식에 어긋난 말이 사용되었다는 이유로 3등으로 밀려났다는, 과거 결과에 신경 쓰지 않았다면 굳이 밝히지 않아도 되는 내용까지 시시콜콜 밝히고 있는 모습으로 볼 때 이 결과는 박제가에게 무척 중요했나 봅니다. 서얼이라 과거에 합격했다고 바로 관직이 주어질 리는 없었지만 양반들과 겨루어 '원래는 1등'을 했다는 사실 자체가 그즈음 박제가의 상처받은 자존심을 어느 정도 회복시켜 주었겠지요. 그런데 과거에 합격한 지 얼마 되지 않아 시험 당시에는 전혀 예상하지 못했던 놀라운 일이 일어납니다. 정사 채제공의 종사관으로 뽑혀 1778년 3월 17일, 그토록 그리던 중국에 가게 된 것입니다. 그것도 절친 이덕무와 함께 말입니다.

뜻밖의 기회를 잡은 박제가는 잔뜩 들뜬 가운데서도 정신을 차리고서는 단호한 결심을 합니다. 기왕 중국에 가게 된 김에 박제가라는 이름 석 자를 널리 알려 보기로요. 경제에 관한 뛰어난 식견을 제대로 드러내는, 청년 박제가에게 나라를 경륜할 원대한 계획이 들어 있음을 알리는 훌륭한 책을 한 권 쓰기로요. 일찍이 이조원에게 밝혔듯 "중국의 산천과 인물의 장대함, 궁실 건축과 수레와 배를 만드는 제도, 농사를 비롯한 온갖 기술과 산업의 종류를 마음껏 보고" 그 기록을 책으로 남기기로요. 세상 사람들이 여태껏 보지 못한 것을 보여 주는, 새로운 사상으로 잔뜩 무장한 책을 완성하기로요.

계획만으로도 박제가의 마음은 뿌듯했겠지요. 서얼인 자신이 세상에 이름을 날릴 수 있는, 다른 양반들과 차별화할 수 있는 유일한 방법을 드디어 찾아냈다고 자부했겠지요. 이제 『북학의』 한 권만 보면 사람들은 박제가가 어떤 사람인지 알게 되겠지요. 양반 계층의 말단에서 무위도식하는 서얼 나부랭이가 아니라, 감각적인 문장 따위나 쓰면서 소일하는 백수가 아니라, 멀리로는 관중, 상앙, 최치원, 왕안석 같은, 가깝게는 조헌, 김육 같은 한 나라를 뒤흔들 경세가임을, 비록 신분은 서얼이라도 그 머릿속에는 구태와 가난을 벗어나지 못한 나라 조선을 바꿀 만한 값진 지식이 들어 있다는 사실을 세상 사람 그 누구라도 알게 될 것입니다!

스포일러일 것도 없으니 미리 결론을 말하자면 그건 처음부터 불가능한 희망이었습니다. 영조 때의 급진 사상가 유수원은 조선 사회의 전반적인 개혁을 주장하는 비범한 책 『우서』迂書를 쓰면서 실현 가능성이 있는지 자문합니다. 유수원은 껄껄 웃고는 다음과 같은 결론을 내렸습니다.

실성하지 않고서야 시행될 수 없다는 걸 어찌 모르겠는가? (……) 옛날 군자들은 많은 책을 저술하였는데, 그들이 어찌 처음부터 시행될 수 있고 없음을 헤아렸겠는가? 요는, 마음에 쌓이고 맺힌 바 있으나 이를 펼 수 없어서 부득이 글로 기록하여 스스로 성찰하였던 것뿐이다.[5]

—「이 책을 저술하는 근본 취지」(記論撰本旨)

　　소론 명문가 출신으로 소론의 지지를 한 몸에 받았던 스타 유수원에게도 개혁은 이루지 못할 꿈, 아니 망상이었습니다. 그랬기에 사리에 어둡고 세상 물정을 모른다는 '우활'迂闊이라는 단어를 따 책 제목을 붙이고는, 그저 쌓이고 맺힌 것을 풀기 위해 책을 썼다고 둘러댔던 것입니다. 유수원도 이루지 못했는데 정통 양반도 아닌 서얼 박제가가, 그것도 20대 청년이 한 나라의 경제를 논하고 세상을 경륜할 경세가가 되는 것이, 책 한 권으로 조선의 왕안석이 되는 것이 과연 가능한 일이었겠습니까? 스포일러를 또 하나 노출하자면 박제가 말년의 비극은 사실 20대 끝자락에 품었던, 갑자기 뭐라도 깨달은 것처럼 주먹을 불끈 쥐고 이루지 못할 원대한 결심을 한 그 순간에서 비롯되었다고 말해도 그르지 않습니다.

『북학의』는 박제가 혼자 쓴 책이 아니다

앞에서도 인용했듯 조선 경제사를 연구하는 학자들에게 박제가는 '기적의 선각자'였습니다. 주자학을 절대 불변의 진리로 신봉하며 욕망의 절제를 아름다운 미덕으로 여기던 (혹은 강요하던) 조선 사회에서 이익을 중시하고 소비를 강조하는 그의 출현은 '기적'이라는 종교적 용어를 쓰는 길 외에는 온전한 설명이 불가능해 보였습니다. 어떤 분은 신해통공辛亥通共을 추진하고 수원 화성을 건설한 정조의 업적을 떠올리며 제 의견에 고개를 갸웃거릴 수도 있겠습니다. 금난전권을 폐지하고 신도시를 건설한 것은 상업과 유통에도 주의를 기울였던 '개혁 군주' 정조가 있었기에 가능했던 것이 아니냐고 주장할 수도 있겠습니다. 길게 논하자면 끝도 없는 어려운 주제이기에 제 생각을 짧게만 설명하고 넘어가겠습니다. 18세기 후반의 서울이 활발한 소비가 이루어지는 근대적 대도시의 면모를 어느 정도 보였던 건 사실입니다. 앞서 인용했던 박제가의 「성시전도, 임금의 영에 응하여」에 나오듯 배오개와 종루와 칠패에 시장이 형성되어 전국의 문물이 모였던 것 또한 사실입니다. 정조가 아꼈던 인물로 훗날 영의정까지 역임했던 남공철은 "서울은 돈으로 살고, 팔도는 곡식으로 산다"(「의상재상서」擬上宰相書, 『금릉집』金陵集)[1])라는 표현을 썼습니다. 돈이 넘쳐흐르는 서울의 상황을 제대로 짚은 문장입니다. 그러나 상업과 유통의 발달은 서울, 그중에서도 극히 일부 지역에만 한정된 현상이었습니다. 박제가의 시각은 다음과 같았습니다.

> 지금 종각이 있는 종로 네거리는 연달아 있는 시장 점포의 거리가 1리가 채 안 된다. 중국에서는 내가 거쳐 간 시골 마을의 점포가 대개 몇 리에 걸쳐 있었다. 또 거기에 운송되는 물건의 번성함과 품목의 다양함이 모두 온 나라의 물건으로도 미치지 못한다.
>
> ―내편 「시장과 우물」(市井)

중국은 서울과 지방의 구별이 없다. 양자강 이남과 오촉,
민월 지역처럼 멀리 떨어진 지역도 큰 도회지는 번화한 문
물이 황성보다 낫다. 반면에 우리나라는 도성에서 몇 리만
밖으로 나가면 풍속이 벌써 시골티가 난다.

—외편 「농업과 잠업에 대한 총론」(農蠶總論)

상업 발달과 관련한 정조의 정책에 대해서도 다르게 보
는 전문가들이 꽤 많습니다. 이성무 선생은 금난전권을 혁
파한 신해통공을 "이면에는 정치적 의도가 숨겨져 있었다.
(……) 시전 상인과 결탁한 노론 벌족들을 견제하는 효과를
노린 것이다"라고 해석했고, 수원 화성 건설을 두고 "화성
을 본거지로 하여 정치 개혁을 완성하려는 사전 포석"이었다
고 설명했습니다.[2] 상업 발달을 위한 의도가 없었던 것은 아
니지만 정치적 의도가 더 컸다는 뜻입니다. 우리는 흔히 정
조를 '개혁 군주'로 여깁니다. 정조가 여러 개혁적인 조치를
취했던 것은 맞습니다. 그러나 정조가 생각한 개혁은 우리의
머릿속에 있는 개혁과는 뜻이 조금 달랐습니다. 정조는 백성
한 사람 한 사람을 비추는 달빛이 되고자 했습니다.

만천명월주인옹은 말한다. (……) 달은 하나뿐이고 물의

종류는 일만 개나 되지만, 물이 달빛을 받을 경우 앞 시내에
도 달이요, 뒤 시내에도 달이어서 달과 시내의 수가 같게 되
므로 시냇물이 일만 개면 달 역시 일만 개가 된다. 그러나
하늘에 있는 달은 물론 하나뿐인 것이다.3)

— 「만천명월주인옹자서」(萬川明月主人翁自序), 『홍재전서』(弘齋全書)

무슨 뜻입니까? 백성은 시내이고, 자신은 달이라는 겁
니다. 하나의 달이 모든 시내를 비추듯 국왕인 자신이 주인
이 되어 백성의 삶을 돌보겠다는 겁니다. 성리학에서 말하는
이일분수理一分殊론을 국왕의 입장에서 다시 해석한 것이지
요. 정조는 노론을 등에 업은 신하들의 힘이 왕권을 위협하
는 수준이었던 당대 정치 상황을 국왕 중심의 국가로 되돌리
려고 애썼던 사람입니다. 어찌 보면 퇴행일 수도 있는 이것
이 정조가 추진한 개혁의 실체입니다. 김기봉 선생의 견해를
인용합니다.

정조는 붕당정치라는 구조를 철폐하고 새로운 정치판을 짤
목적으로 '만천명월주인옹'이라는 이름으로 유교의 절대군
주가 되고자 했다. 하지만 이 같은 정조의 경장이 '조선의
18세기'를 근대로 진입시키는 '18세기의 조선'을 위한 정치

기획이 될 수 있었는가?[4)]

　이러한 정조의 머리에 과연 이익과 소비라는 개념이 자리할 수 있었을까요? 미리 말씀드리면 정조의 개혁을 잘못 생각한 분들이 많듯 박제가도 정조의 마음을 제대로 읽지는 못했습니다.

　잠시 옆길로 샜습니다. 다시 '기적의 선각자' 이야기로 돌아가겠습니다. 안대회 선생의 지적대로 "제아무리 깊이가 있고 독창적인 사상이라 해도 고립적으로 사유를 전개하거나 천재적 발상으로 시대를 뛰어넘는 사상을 만들어 낼 수는" 없습니다.[5)] 박제가는 더 나은 세상을 만들기 위해 고민했던 여러 선각자의 도움을 분명히 받았지요. 가장 먼저 검토해야 할 이름은 최치원과 조헌입니다. 이유는 간단합니다. 박제가 본인이 쓴 『북학의』 「자서」에 이 두 사람이 공동 주연으로 활약하기 때문입니다.

　나는 어릴 적부터 고운 최치원과 중봉 조헌의 사람됨을 사모하여 비록 사는 시대는 다르나 말을 끄는 마부가 되어 그분들을 모시고 싶다는 간절한 소망을 지니고 있었다.

"말을 끄는 마부가 되어서라도"는 박제가가 즐겨 쓰는 관용구인 모양입니다. 이조원에게도 같은 문장을 썼던 사실이 떠오르지요. 요즈음 식으로 말하면 운전기사로라도 취직해서 모시고 싶다는 뜻이니 참으로 엄청난 존경의 표현이 아닐 수 없습니다. 박제가는 그들 두 사람을 유독 사모하는 이유 또한 자세하게 설명합니다.

> 당에 유학하여 진사가 된 최치원은 고국에 돌아온 뒤로 신라의 풍속을 혁신하여 중국의 수준으로 진보시킬 방도를 고민했다.
> 조헌은 질정관의 자격으로 연경에 들어갔다가 돌아와서는 임금님께 『동환봉사』東還封事를 올렸다. 이 상소문에는 중국의 문물을 보고서 우리 조선의 처지가 어떤지를 깨닫고, 남의 좋은 점을 보고서 자신도 그와 같이 되려고 애쓰는, 적극적이고도 간절한 정성이 담겼다.

박제가는 인간관계에서도 무척 직선적이라 한번 좋아하고 존경한 사람은 계속 좋아하고 존경합니다. 조헌과 최치원의 이름이 거듭 언급되어 『북학의』「자서」는 마치 두 사람에게 바치는 헌사처럼 보입니다.

압록강 동쪽의 우리나라가 천여 년을 지내 오면서 규모가 작고 외진 곳에 있는 이 나라를 한번 개혁하여 중국의 수준으로 높이 올려놓고자 노력한 사람은 오로지 이 두 분밖에 없었다.

비록 이 책에서 말한 것이 당장 시행되지는 못한다 할지라도 이 일에 쏟은 정성은 후세 사람들이 인정해 주리라. 고운과 중봉 두 분의 뜻도 그러했을 것이다.

실제로 박제가는 중국에 갈 때마다 최치원과 조헌을 자주 떠올렸습니다. 1790년 세 번째로 중국을 방문한 박제가는 역관에게 많은 부분을 의지하는 자신의 부족함을 자책하며 두 사람을 소환합니다. "천 년 전 빈공과에 급제했던 최치원/만 마디 봉사를 올렸던 조중봉./얕은 재주 형편 없어 사신 임무 창피하니/당당했던 선배에게 감히 자취 겨루랴."(「동지 시에 다시 차운하다」再次冬至韻) 또 요동의 이도정에서는 "그 누가 알았으랴 천 년 뒤에/최고운이 다시금 당에 들 줄을"(「이도정에서」二道井)이라며 자신을 넌지시 최치원에 비유해 보기도 합니다.

박제가가 두 사람을 존경하는 마음은 의심할 바 없으나 『북학의』를 살펴보면 최치원과 조헌의 개혁책이 『북학의』에 직접적인 영향을 미쳤다고 결론 내리기는 어렵습니다. 최치원이 진성여왕에게 「시무십여조」時務十餘條를 올린 것과 조헌이 선조에게 『동환봉사』를 올려 개혁을 촉구한 것은 사실이지만 시대가 다르고 처한 상황도 많이 다릅니다. 최치원의 「시무십여조」는 천 년 전 일인 데다 내용이 전하지 않으니 뭐라 말하기 어렵고, 조헌의 개혁안은 유교 의례와 관련된 사항이 많고 조금은 원론적인 내용이라 박제가가 주장하는 '경제'와 과연 관련이 있는지는 의문입니다. 조헌이 중국을 방문하고 돌아와서 곧바로 올린 여덟 가지 조목은 「성묘의 배향」, 「사생師生의 접례」, 「귀천의 의관」 등이며 선조의 반응이 시원치 않자 아예 올리지 않은 열여섯 가지 조목은 「능침 제도」, 「제사 예절」, 「경연 규례」, 「조회 의식」 등입니다.

안대회 선생은 "그들의 구체적인 개혁책의 내용이 아니라 태도가 박제가에게 큰 영향을 끼쳤다"고 분석했습니다. "외국을 배척하지 않고 배워서 자국의 부국강병을 이루려는 자세를 보였다"는 것이지요(여기서 외국이란 물론 중국이겠지요).6) 조헌의 제자 안방준이 『동환봉사』에 쓴 「발문」을 보면 곧바로 이해가 갈 것입니다.

선생은 먼저 8조의 소와 질정록 1편을 올리며 "우리나라도 명나라 제도를 그대로 준행해야 한다"라고 하였다. 선왕께서 비답하기를 "수천 리 밖이라 풍속이 같지 않은데, 만일 풍기와 습속의 다름을 헤아리지 않고 그대로 강행하려고 하면 우리 풍속을 어지럽히게만 되고 일은 맞지 않는 바가 있을 것이다"라고 하였다. 선생은 말이 채택되지 않을 것을 알고 감히 다시 다음 16조의 소는 올리지 않았는데, 지금 그 유고가 다행히 남아 있다.[7]

그러나 조헌의 중국과 박제가의 중국이 전혀 다른 국가라는 점은 밝히고 넘어가야겠습니다. 명은 중화인 한족이 세운 나라이고 청은 오랑캐인 여진족이 세운 나라이기 때문입니다. 명을 배우자고 했을 때의 반발과 청을 배우자고 했을 때의 반발은 차원이 다릅니다. 조헌보다는 박제가가 훨씬 더 어려운 길을 가려 한 것이지요. 각설하고 최치원이나 조헌은 구체적인 개혁책 때문이 아니라 외국의 좋은 점을 배우려는 정신에 있어 북학의를 대변하는 일종의 상징적인 인물이라고 보는 것이 합당하겠습니다.

최치원과 조헌을 제외한다면 단연 이지함의 이름이 눈

에 들어옵니다. 『북학의』 본문에 두 차례나 등장하기 때문입니다. 먼저 내편 「배」에서 박제가는 표류한 배를 통해 배워야 한다는 주장을 내세운 뒤 이지함을 호출합니다.

외국인이 바다에 표류하다 바닷가 고을에 정박하는 일이 발생하면, 반드시 그들이 타고 온 배의 만듦새를 비롯한 다른 기술을 꼼꼼하게 질문하고, 재주가 좋은 장인을 시켜 그 방법대로 배를 만들게 한다. 표류한 배를 직접 보고 모방하여 배우기도 하고, 표류한 사람을 잘 접대하여 저들의 기술을 완전히 전수하게 한 다음 돌려보내는 것도 무방하다.
토정 이지함 선생이 옛날 외국의 상선 여러 척과 통상하여 전라도의 가난을 구제하고자 했는데 선생의 식견이 탁월하고도 원대하다.

이지함의 이름은 외편 「강남 절강 상선과의 통상론」에도 등장합니다. 박제가는 중국의 배와 통상하고 그들로부터 배우자는 해로통상론을 주장한 뒤 이지함을 인용합니다. 보시다시피 「배」에서 인용한 내용과 별 차이가 없습니다.

토정 이지함 선생이 옛날 외국의 상선 여러 척과 통상하여

전라도의 가난을 구제하고자 했는데 선생의 식견이 탁월하여 미칠 수가 없다.

그런데 외편에는 내편에 없는 내용이 추가되어 있습니다. 『시경』 패풍邶風 「녹의」綠衣에서 인용한 문장이지요.

『시경』에서 "내 옛사람을 그리워하네. 참으로 내 마음을 알고 있으니"라고 말했다.

무슨 뜻입니까? 『시경』의 내용이 이지함을 설명하기에 적당하다는 말입니다. 자신과 생각이 비슷했던 이지함을 깊이 존경한다는 겁니다. 다시 말하면 해로통상론은 이지함의 정책에서 많은 영감을 받았다는 고백이나 마찬가지입니다. 이지함과 가까웠던 유몽인에 따르면 이지함은 일반 사대부와는 사고나 행동이 유별나게 다른 기인이었습니다.

이지함은 "덕은 근본이고 재물은 말단이다. 그러나 근본과 말단은 어느 한 가지도 폐지할 수 없다"(『토정유고』)[8]라고 주장하며, 유학자로서는 드물게 이익을 덕만큼이나 중시하는 태도를 보였습니다. 실제로 이지함은 직접 농사를 짓기도 했고 소금을 판매해 이익을 남기기도 했습니다. 『승정원일기』 인조 3년 4월 19일 자에는 이지함이 안면도 북쪽 섬 거아도를 개발해 박을 심었다는 내용까지 등장합니다. 이익을 굳이 외면하지 않았던 이지함은 그러면서도 유학자의 면모를 잃지 않았습니다. 자신이 번 돈을 어려운 사람들을 위해 기꺼이 내놓았습니다. 이지함은 경제 의식을 갖춘 양반 상인이자 의리에 밝은 정통 유학자였던 겁니다. 실제 저술 여부가 불분명한 『토정비결』이 아니더라도 토정 이지함이 한 시대의 대단한 기인이었던 것은 분명해 보입니다. 재미있는 것은 박제가 또한 스스로를 기인으로 여겼다는 사실입니다. 박제가는 이조원에게 쓴 편지에서 이렇게 표현했습니다.

조선의 기인 박제가는 갱당 이조원 선생 문하에 삼가 두 번 절하고 그를 올립니다.　　　　　　　　—「갱당 이조원에게 주다」

물론 이때의 기인은 별나다는 奇人이 아니라 畸人, 즉 세속과는 맞지 않으나 하늘과는 화합하는 사람을 뜻하지만 제가 보기에는 奇人과 별반 달라 보이지 않습니다. 이지함과 관련해 또 하나 중요한 의미를 찾자면 박제가가 존경하는 조헌이 바로 이지함의 제자였다는 점입니다.

박제가가 비록 『북학의』에서 이름을 밝히지는 않았지만

『우서』의 저자인 유수원의 영향도 주목할 만합니다. 유수원이 수레의 사용을 주장하는 내용을 먼저 살펴봅시다.

> 우리나라의 상업을 보면 말은 있으나 노새가 없고 배는 있으나 수레가 없으니, 선상船商보다는 마상馬商이 많고, 마상보다는 부상負商이 많다. (……) 우마를 키울 줄은 알아도 노새를 번식시킬 줄은 모르며, 홀로 장사할 줄은 알아도 자본을 모아 힘을 합하는 것이 장사하는 데 가장 이익이 크다는 것을 알지 못하기 때문이다. 이러니 장사가 무엇으로 말미암아 성행될 것이며, 모든 물화가 무슨 방법으로 널리 번창하겠는가.
> ──「사민을 대체로 논함」(總論四民)

단순히 수레를 이용하자는 얘기가 아니라 상업의 발전을 불러오는 수단으로 생각한다는 점에서 『북학의』의 주장과 무척 비슷합니다.

> 산골에 사는 사람은 아그배를 담가 식초를 얻어서 소금이나 메주 대용으로 사용하고, 새우젓과 조개젓을 보고서 특이한 음식이라 여긴다. 가난한 형편이 이 지경인 것은 대체 무슨 까닭인가? 단언코 수레가 없기 때문이다. (……) 자기가

사는 지역에서 많이 나는 물건으로 다른 데서 산출되는 물건을 교환하여 풍족하게 살려는 백성이 많으나 (수레가 없으므로) 힘이 미치지 못한다.　　　　　　　　　　—내편「수레」

물론 유수원이 앞 시대 사람이니 『북학의』의 주장이 『우서』와 비슷하다고 바꿔 말하는 게 옳겠지요. 그런데 『우서』는 참 대단한 책이어서 이런 내용을 주장해도 아무런 탈이 없을까 싶을 정도로 과격한 의견도 상당수 등장합니다. 유수원은 양반 또한 농공상업에 종사하도록 국가가 제도적으로 뒷받침을 해야 한다고 주장합니다.

양반이 천업(농공상업)에 종사하면 국가가 영구히 폐고하였으니 이것이 금제가 아니고 무엇이냐. 이제 만일 선비가 농공상업에 종사한다면 그 교유와 혼인과 벼슬살이에 장애가 없을 리 있겠는가. (……) 국가가 명목으로는 양반을 우대한다고 하나 실제로는 그 손을 묶고 발을 매어 공공연히 배를 주리게 할 뿐이다.　　　　　　—「사민을 대체로 논함」

다음은 박제가가 『북학의』에서 펼친 주장입니다.

저 놀고먹는 자들은 나라의 큰 좀벌레입니다. 놀고먹는 자가 날이 갈수록 불어나는 이유는 사대부가 날로 번성하는 데 있습니다. (……) 신은 수륙의 교통 요지에서 장사하고 무역하는 일을 사대부에게 허락하여 입적할 것을 요청합니다. 밑천을 마련하여 빌려주기도 하고, 점포를 설치하여 장사하게 하고, 그중에서 인재를 발탁함으로써 그들을 권장합니다. 그들로 하여금 날마다 이익을 추구하게 하여 점차로 놀고먹는 추세를 줄입니다.

—외편 「병오년 정월에 올린 소회」

(丙午正月二十二日朝參時典設署別提朴齊家所懷)

유수원은 조선의 악습이라 할 문벌을 향해서도 문신 집단 전체를 대상으로 강도 높게 비판합니다. 소론 명문가 출신인 유수원의 말이라 호소력이 더 강하게 느껴집니다.

무릇 천하와 국가를 경영하는 데는 인재의 현명 여부만을 따져야 마땅한데, 지금은 먼저 문벌을 따지니 이것이 무슨 의리인가. 옛날에 귀하게 여긴 것은 충신과 효자의 자손인데, 지금은 관직과 문벌만을 귀히 여기고 있다. 우리나라 문신이란 사람들은 글로 과거에 급제해 요행히 부귀를 얻는

데 불과해서 살아서도 세상에 보탬이 없고 죽어서도 후세에 명성을 남기지 못하여, 공도 덕도 없는 사람이 십중팔구이니 이런 사람들이 어떻게 후손들에게 덕을 끼쳐 준다는 것인가.　　　　　　　　　　　—「문벌의 폐해를 논함」(論門閥之弊)

심지어는 사대부의 자제와 양민의 자제가 같은 학교에서 공부하도록 해야 하고 과거도 함께 응시할 수 있어야 한다고 주장합니다. 사대부들이 반발하면 어떻게 하느냐는 질문에 천연덕스럽게 다음처럼 답합니다.

사람의 성품은 모두 다르니, 교만하고 자존심이 강하여 시험에 나아가지 않으려는 사람이 있다면, 그들이 하고 싶은 대로 놓아두는 것이 좋겠다. 무엇 때문에 억지로 응시하게 하겠는가. 이런 사람들은 대개 재능과 학식은 없고 문벌만을 믿는 사람들이어서, 과거에 합격하지 못하더라도 저절로 굴러올 음사만을 바라는 마음뿐인 것이다.

—「학교 학생을 뽑고 보충하는 제도를 논함」(論學校選補之制)

이렇듯 신분을 가리지 않고 과거 시험을 통해 능력 있는 이들만 뽑으면 떨어진 양반들은 심심한 나머지 자연스럽게 농업이나 공업이나 상업에 종사하게 될 것이라고 예견합니다. '재미'의 차원에서 이야기를 풀어 가는 유수원의 논조가 무척 독특합니다.

> 과거에 응시한다고 해도 학문이 없어 요행을 바라기 어렵고, 음사를 하고자 해도 법제가 매우 엄격하여 권세로도 얻지 못해서, 홀로 세월만 보내다가 아무런 희망도 없고 할 일도 없게 되면, 자연히 재미가 없어서도 각자 할 일을 찾지 않을 수 없게 될 것이다. (……) 얼마간의 세월이 흐른 뒤에는 다른 사람들을 돌아보건대, 혹은 선비로서 혹은 농부로서 점점 성공하여 가고 있는데, 자신만이 외로워서 몸 둘 곳조차 없게 된 것을 깨달을 것이니, 이렇게 되면 점점 재미가 없어져 입을 다물고 목을 움츠린 채 자기의 살길을 찾게 될 것이 분명하다.

한 가지 놀라운 일은 영조 또한 쓴소리가 잔뜩 등장하는 『우서』를 읽고 극찬을 남겼다는 사실입니다. 『승정원일기』 영조 13년 10월 28일 자 내용입니다.

> 나는 일을 행할 수 있는 자리에 있으면서도 행하여지지 못

할까 두려워 말조차 꺼내지 못하고 있는데, 이 사람은 말이 아닌 글로써 이를 기술하였으니, 이는 실로 나보다 훌륭하고도 뛰어난 것이다.[9]

안대회 선생은 "유수원은 양반을 상업에 종사시킬 것, 상공업을 진흥시킬 것, 사회적 분업을 철저하게 할 것, 상인 자본을 육성할 것 등을 주장했다"고 설명하며 유수원의 존재감이 대단했기에 박제가가 그의 존재를 몰랐다는 것은 불가능하다고 말합니다.[10]

유수원은 1755년 세상을 떠났습니다. 박제가의 입장에서 보면 불과 한 세대 전의 인물입니다. 천 년 전의 최치원이나 수백 년 전의 조헌, 이지함과는 존재감 면에서 차원이 다릅니다. 유수원은 소론의 대표 논객이었고 영조 또한 『우서』를 읽었다고 고백했을 정도였으니 박학한 박제가, 경제에 목숨을 걸었던 박제가, 경세가를 꿈꾸었던 박제가가 유수원을 몰랐을 리는 없습니다. 실제로 유수원의 영향을 크게 받았을 가능성이 매우 높지요. 박제가는 당파적 편견이 거의 없는 사람입니다. 그럼에도 『북학의』에 유수원의 이름이 등장하지 않는 이유는 오직 하나, 소론의 경제 정책을 주도했던 유수원이 말년에 역적으로 몰려 사형을 당했기 때문입니다.

물론 박제가가 가장 직접적인 영향을 받은 사건은 백탑파 일원인 홍대용의 중국행, 성대중과 원중거의 일본행이었겠지요. 홍대용은 중국을 다녀온 후 『연기』燕記와 『회우록』을 썼습니다. 청나라라는 오랑캐가 중원을 차지하고 있음에도 중국은 전보다 더 발전하고 있다는 것, 그 땅에서 사는 이들은 여전히 중국인이라는 것, 중국의 지식인과 벗처럼 교류할 수도 있다는 것은 일종의 혁명적인 사고의 전환이었습니다. 주목할 부분은 일본입니다. 박지원과 홍대용의 관심이 중국에 치우쳐 있는 데 비해 박제가는 서얼 선배인 성대중, 원중거 등의 영향을 받았기 때문인지 일본에 대한 관심 또한 무척 높았습니다. 그래서 그런지 『북학의』에는 일본의 사례가 꽤 많이 등장합니다. 일본을 보는 박제가의 시각 또한 맹목적인 애국심과는 한참 거리가 있습니다. 박제가는 일본을 우리를 침략한 나라, 미개한 왜놈이 사는 나라가 아닌 조선이 배워야 할 나라라고 생각합니다.

　　도쿠가와 이에야스가 "물건을 절제함이 없이 실어 소와 말을 상하게 하는 것은 어진 사람이 행할 정사가 아니다. 지금부터는 싣는 물건을 몇 근으로 제한하니 그 외에는 더 싣지 못한다"라는 명령을 내렸다. 일본에서는 짐승도 저런 대우를 받고 있으니 우리나라는 사람을 어떻게 대우해야 할까?

—내편「수레」

일본의 풍속은 온갖 기예에서 천하제일이라는 호칭을 얻은 사람이 있으면 비록 그의 기술이 자기보다 꼭 낮지 않다는 점을 분명히 알고 있더라도 반드시 그를 찾아가 스승으로 모신다.

—내편「자기」

일본의 주택은 구리기와, 나무기와의 차등은 있으나 집 한 칸의 너비와 창호의 치수는 위로는 왜황과 관백으로부터 아래로는 서민에 이르기까지 차이가 없다. 예를 들어 한 집에서 부족한 것이 있으면 사람들은 모두 그것을 시장에 나가 사 온다.

—내편「주택」

『북학의』에 영향을 미쳤으리라 짐작되는 여러 인물의 이름을 들기는 했지만 무엇보다도 『북학의』는 백탑과 공동 연구의 산물입니다. 그중에서도 박지원, 이희경이 특히 중요합니다. 박지원과 이희경의 존재가 없었다면 『북학의』는 지금과는 다른 책이 되었을 것입니다. 박지원부터 살펴보겠습니다.

박지원은 「북학의서」에서 『북학의』의 내용이 『열하일기』와 조금도 어긋나는 것이 없어 마치 한 사람의 손에서 나온 것 같다고 썼습니다. 그 이유를 다음과 같이 적고 있지요.

일찍이 비 내리는 지붕 아래, 눈 오는 처마 밑에서 연구한 내용과 술기운이 거나하고 등불 심지가 가물거릴 때 맞장구를 치면서 토론한 내용을 눈으로 한번 확인해 본 것이기 때문이다.

박지원의 말대로 『북학의』와 『열하일기』엔 한 사람의 손에서 나온 듯한 내용이 참 많습니다. 몇 가지 사례를 들어 보겠습니다.

『북학의』「자서」: 이용과 후생은 둘 중 하나라도 갖추어지지 않으면 위로 정덕을 해친다.
『열하일기』「도강록」: 이용이 있은 후에야 후생이 가능하고, 후생이 있은 뒤에야 정덕이 가능하다.

『북학의』 내편 「수레」: 수레 안에서는 책을 읽을 수 있고, 손님과 마주 앉아 담소를 나눌 수도 있으니 그야말로 움직이는 집이다. (……) 수레는 하늘을 본받아 만들어서 지상을 운행하는 도구이다.

『열하일기』「일신수필」: 대저 수레라는 것은 하늘에서 나와 땅에서 운행을 하니, 육로에서 사용하는 배이고 돌아다닐 수 있는 집이라고 할 수 있다.

『북학의』외편「똥거름」: 중국에서는 똥거름을 황금처럼 아낀다. (……) 똥더미는 정방형으로 반듯하게 세모꼴로 쌓거나 여섯모꼴로 쌓는다.

『열하일기』「일신수필」: 똥오줌이란 세상에서 가장 더러운 물건이다. 그러나 이것이 밭에 거름으로 쓰일 때는 금싸라기처럼 아끼게 된다. (……) 똥을 거름창고에다 쌓아 두는데, 혹은 네모반듯하게 혹은 여덟이나 여섯 모가 나게 혹은 누각 모양으로 만든다.

『북학의』내편「종이」紙: 서위는 이런 말을 했다. "고려의 종이는 그림을 그리기에 알맞지 않다……"

『열하일기』「관내정사」: 명나라 서화가인 서위가 "고려의 종이는 그림을 그리기에 마땅치 않고……"라고 했으니 마땅치 않게 여김이 이와 같다.

『북학의』내편「약」藥 : 우리나라는 의술을 가장 믿을 수 없다. 연경에서 사 오는 약재는 진품이 아닐까 봐 늘 걱정이다.
『열하일기』「금료소초」金蓼小抄 : 우리 동방은 의술이 널리 보급되지 못하고 의약 재료도 광범위하지 못해서, 대부분 중국의 것을 수입해서 의존하므로 항상 진품이 아닐까 봐 근심했다.

『북학의』외편「존주론」尊周論 : 정녕코 백성에게 이익을 가져오는 것이라면 오랑캐로부터 나온 법이라 할지라도 성인은 채택할 것이다.
『열하일기』「일신수필」 : 천하를 통치하는 사람은 진실로 인민에게 이롭고 국가를 두텁게 할 수 있는 것이라면 비록 그 법이 오랑캐로부터 나왔다 하더라도 이를 본받아야한다.

이외에도 두 책에는 비슷한 부분이 셀 수 없을 만큼 많습니다. 오랑캐에 대한 새로운 인식, 이용후생에 대한 견해 등을 보면 공동 토론의 결과라는 설명에 동의하며 고개를 끄덕일 수도 있겠지만 수레를 묘사하는 문장, 똥거름을 쌓은 구체적인 방법에 대한 설명까지 똑같은 걸 보면 조금 의아하기도 합니다. 둘이 같이 여행을 한 것도 아닌데 보고 들은 것에 대한 묘사가 어찌 이토록 비슷할까요. 둘 사이에 텔레파시라도 통하나 싶어 오싹한 기분도 들지요. 이 부분에 대한 설명은 안대회 선생의 말로 대신하겠습니다.

『북학의』「존주론」은 『열하일기』「일신수필」과 문장 자체가 거의 같아서 연암이 초정의 글을 그대로 가져다 썼다고 볼 수밖에 없다. 당연히 초정의 『북학의』가 연암의 『열하일기』보다 몇 년 앞서 저술되었으므로 저작만 놓고 보면 연암이 초정의 영향을 받았다고 보아야 하지만 그렇게 경직되게 판단할 수 없다.[11]

안대회 선생은 꼬집어 말은 안 하지만 박지원이 『북학의』의 내용을 살짝 베꼈을 가능성이 있다는 심중을 드러내고 있지요. 하지만 공동 토론의 결과라는 박지원의 설명도 있고 무엇보다도 베꼈다는 실제 증거가 존재하는 건 아니므로 확실하게 결론을 내리지는 않습니다. 박지원은 이덕무의 글 또한 출처에 대한 별다른 설명 없이 여러 차례 베낀(?) 전력이 있으므로 박제가의 글도 그런 식으로 처리했을 가능성이 있다는 느낌이 꽤 강하게 들지만 그럼에도 "경직되게 판단할 수 없다"는 견해에는 동의합니다. 지적소유권에 대한 개념이 모호하던 시대, 인용이 상대방에 대한 존경의 예로 인정받던 시대였다는 점이 그 하나이고, 북학에 대한 또 다른 책 『설수외사』의 존재 때문이기도 합니다. 이희경의 『설수외사』에는 『북학의』와 비슷한 내용이 수시로 등장합니다. 「수레」, 「배」, 「주택」, 「목축」, 「잠업」 등의 항목도 그렇거니와 기술된 세부 내용도 무척이나 유사합니다.

『북학의』 외편 「농업과 잠업에 대한 총론」: 단칸방에 한 칸 크기로 누에를 기르면 사람은 발을 들여놓을 구석이 없다. 기왓장으로 받쳐서 누에를 치는데, 여종이 실수하여 넘어지기라도 하면 죽은 누에가 발밑으로 가득 널린다. 누에틀을 쳐서 층층이 매달아 방 꼭대기까지 닿게 하면 누에의 수는 열 곱절이 되고 방에는 여유 공간이 생긴다는 것을 모른다.

『설수외사』 「누에치기」: 만약 한 칸의 방에 십 층의 시렁을 만들면 열 칸의 누에를 기를 수 있다. 그런데 우리나라 사람들은 이러한 이치를 몰라 방 한 칸에서 오직 한 칸의 누에만을 기른다.

『북학의』내편「문방구」文房之具 : 우리나라 먹은 해를 넘기면 벌써 광택이 사라지고, 다시 한 해가 지나면 아예 갈 수조차 없다.

『설수외사』「먹」: 우리나라 먹은 해주에서 많이 생산된다. 새로 만든 것은 광택이 약간 나기는 하지만 몇 년만 지나면 끈기가 풀어지고 그 색깔도 옅어진다.

『북학의』내편「목축」: 해가 질 때면 한 사람이 들로 나간다. 길이 잘 든 말을 좇아가 타고서 소리를 질러 한번 부르고 막대기를 잡고 휘두른다. 그러면 말과 다른 가축이 모두 그를 따라서 집으로 들어간다.

『설수외사』「중국의 가축」: 갑자기 어떤 사람이 말을 타고 와서 그 말 떼 속으로 달려 들어가서는 휘파람을 불며 좌우로 채찍을 휘둘렀다. 말들이 기다렸다는 듯이 고개를 들고 우뚝 일어섰다.

『북학의』내편「수레」: 연경에는 대낮에 수레바퀴가 구르는 소리가 덜컹덜컹 들려서 항상 우레가 치는 듯하다.

『설수외사』「수레바퀴의 통일」: 황성의 정양문 안에 만 대의 수레가 우레처럼 덜컹거리며 지나다녀서 곁에 있는 사람의 말소리가 들리지 않을 지경이었다.

유사한 내용은 일일이 소개하기도 어려울 만큼 많습니다. 조선의 종이를 낮게 평가한 서위의 견해, 도자기와 똥거름에 관한 내용 등도 거의 유사하지요. 박제가가 이희경에게 들었다면서 소개한 농작물 재배법 구전법의 내용 또한 당연히 실려 있습니다. 두 권도 아닌 세 권의 책의 내용이 비슷하다는 건 『북학의』가 백탑파 공동 토론의 산물이라는 박지원의 설명이 꽤 정확한 기술이라는 뜻이 되겠지요.

하지만 그렇다고 해서 세 책의 내용이 '조금도 어긋나는 것이 없어 한 사람의 손에서 나왔다'고 결론을 내리기는 어렵습니다. 무척 비슷한 내용이 많은 것은 사실이나 책의 성격부터 구성에 이르기까지 여러 차이점도 존재합니다. 먼저 『북학의』와 『열하일기』를 비교해 보겠습니다. 『북학의』는 처음부터 끝까지 중국에서 좋은 점을 배워 우리나라의 잘못된 점을 고치자는 취지의 논리로 일관하지만, 『열하일기』는 사정이 좀 다릅니다. 북학은 『열하일기』의 전부가 아닌 일부일 뿐입니다. 『열하일기』는 앞에서도 말했듯 무지개와 같은 책이며 온갖 문장 기법이 총동원된 화려한 책입니다. 40

대 중반의 박지원은 『열하일기』가 문장가로서의 명성을 확고하게 만들 결정적인 책이라고 여겼을 겁니다. 오로지 북학과 경세가의 꿈만을 머릿속에 담고 있었던 박제가와는 출발점이 확연하게 달랐겠지요.

김용덕 선생은 『북학의』 내편 「시장과 우물」과 『열하일기』 「일신수필」에 나오는 '시장 점포' 내용을 비교하며 두 사람의 상업에 대한 관심도의 차이가 역력하다고 평가했습니다.12) 내용을 살펴보면 과연 그렇기는 합니다. 박지원은 그저 관광객의 눈으로 시장을 슬쩍 살펴본 반면 박제가는 시장을 통해 이익에 대한 사고를 끌어내고 검소에 대한 문제를 제기하며 그 유명한 우물 이론까지 제시합니다.

『열하일기』 「일신수필」 : 이번 천여 리를 여행하는 동안에 지나온 시장의 점포, 예를 들어 봉황성, 요동, 심양, 신민둔, 소흑산, 광녕 등에서는 서로 크거나 사치한 정도의 차이가 없었는데 그중에서 심양이 가장 크고 사치했고, 모두 창호에 문양을 내고 수를 놓지 않은 집이 없었다.

『북학의』 내편 「시장과 우물」 : 연경의 아홉 개 성문 안팎으로 뻗은 수십 리 거리에는 관아와 아주 작은 골목을 빼놓고는 대체로 길을 끼고 양옆으로 상점이 늘어서 있다. 시골도 마찬가지로 그렇게 점포가 늘어서서 마치 옷에 가선을 두른 것과 같다. (……) 또 동악묘와 융복사 등지에서는 특별한 날을 정해 시장을 여는데 진기한 보물과 괴상한 물건들이 매우 많다. 우리나라 사람들은 번화한 중국 시장을 처음 보고서는 '오로지 말단의 이익만을 숭상한다'라고 말한다. 하나만 알고 둘은 모르는 말이다. 무릇 상인은 사농공상 네 부류 백성의 하나이지만 그 하나가 나머지 세 부류 백성을 소통시키므로 열에 셋의 비중을 차지하지 않으면 안 된다. (……) 중국이 사치로 망한다면 우리나라는 반드시 검소 탓에 망할 것이다. (……) 재물은 비유하자면 우물이다. 우물에서 물을 퍼내면 물이 가득 차지만 길어 내지 않으면 물이 말라 버린다.

박제가는 동악묘와 융복사까지 방문하고 글을 썼으므로 형평을 기하기 위해 박지원이 융복사를 관람하면서 쓴 글도 함께 살펴보는 게 좋겠습니다.

『열하일기』「앙엽기」夾葉記 : 조정의 공경과 사대부들이 연달아 수레와 말을 타고 절 안에 이르러 직접 물건을 고르고 사고 있었다. 갖가지 물건들이 절의 마당에 그윽하고, 진주

와 옥으로 된 값진 보물들이 쌓여 있었다. (……) 우리나라에선 비록 선비가 궁핍하여 부릴 심부름꾼 하나 없는 처지라도 자신이 직접 시장판에 나가는 일은 없다.

북경의 사찰인 융복사에서는 큰 시장이 열려서 조선 사신들은 빼놓지 않고 찾아가 구경하곤 했습니다. 조선 선비들 눈에 가장 신기하게 보였던 건 조정의 공경과 사대부가 직접 물건을 고르는 광경이었습니다. 체통을 중시하는 조선에서는 상상도 할 수 없는 일이었지요. 함께 시장을 방문했던 이덕무가 불경스러운 광경에 눈살을 찌푸리는 동안 박제가는 상업의 중요성을 떠올렸다는 건 앞에서 인용한 바와 같습니다. 그런데 박지원의 생각은 조금 다릅니다. 왜 조정의 공경과 사대부가 하인을 시키지 않고 직접 시장에 와서 물건을 고르는지를 곰곰 생각한 다음 이렇게 결론을 냅니다.

그들이 찾는 물건은 대부분 골동의 술잔이나 솥, 새로 출판된 서책, 유명인의 글씨와 그림, 관복, 염주, 향주머니, 안경 등이었다. 이런 물건들은 사람을 보내 사 오게 할 물건도 아닐뿐더러, 잘 알지도 못하는 얍삽한 사람을 시켜서 일을 구차하고 어렵게 만들기보다는 차라리 자신이 직접 판단하고 처리하는 것이 더 마음이 유쾌하기 때문이다.

그러면서 박지원은 "중국 사람들이 능히 물건 감정에 정통하고 감상하는 취향이 고상한 까닭"이라는 신기한 결론을 끌어냅니다. 시장이나 상업에 관심이 있다기보다는 직접 물건 구매에 나선 중국의 공경과 사대부를 은근히 변호하는 느낌입니다. 그들이 물건 구매에 나선 것을 상업 행위의 일환으로 보는 게 아니라 문화적 취향의 발현으로 파악하는 것이지요. 사실 상업에 대한 애매한 태도는 「옥갑야화」에 삽입한 허생의 이야기에서도 어느 정도 드러납니다. 많이들 아실 테니 짧게 설명하겠습니다. 집에서 공부만 하던 선비 허생은 아내의 성화를 못 이기고 변씨를 찾아가 만금을 빌린 후 '조그마한 것을 시험'해 봅니다. 과일, 말총을 사재기했다가 파는 방법으로 거금을 번 뒤에 도적들을 빈 섬에 모아 놓고 함께 살게 합니다. 번 돈으로는 가난하고 의지할 곳이 없는 사람들을 구제합니다. 그런 뒤에 남은 십만 냥을 변씨에게 모두 건네며 이렇게 말하지요.

내가 순간의 굶주림을 참지 못하여 책 읽기를 마저 끝내지 못하고, 그대에게 만금을 빌렸던 것이 부끄럽소이다.

변씨가 너무 많다면서 돌려주려고 하자 허생은 호통을 칩니다.

당신은 어째서 나를 장사꾼으로 취급하려는 게요?

우리는 이 장면을 통해 양반상인론에 대한 박지원의 생각을 확인할 수 있습니다. 상업은 꼭 필요하긴 하지만 양반이 평생 해야 하는 일은 아니라는 생각. 비록 소설이라고는 해도 양반상인론을 평생 목 놓아 부르짖었던 박제가와는 무척 다른 지점이지요. 『과정록』을 보면 박지원은 아들에게 "장사치는 사민 가운데 비록 천한 직업이기는 하나 장사치가 없으면 온갖 물건이 유통될 수 없다"라고 말했다고 합니다. 상업을 긍정하는 말처럼 보이지만 상업은 양반이 아닌 상인의 몫이라는 사고 또한 깔려 있음을 알 수 있습니다.

김용덕 선생은 민족적 주체성의 관점에서도 『북학의』와 『열하일기』가 사뭇 다르다고 주장합니다.[13] 이미 살펴봤다시피 박제가는 우리말을 버리고 중국어를 사용해도 안 될 이치가 없다는, 민족의식이 결여(?)된 발언을 서슴없이 내뱉었습니다. 반면 박지원은 해외에 가면 애국자가 된다는 속설대로 요동 땅에 들어서자마자 민족주의자로 변신합니다. 중국 역사서만 인용하고 우리의 옛 소문은 한 문장도 싣지 않았다는 이유를 들어 『삼국사기』를 비판하고, 요동은 원래 우리 땅이었으며 평양은 사실 요동에 있었다는, 증명 가능성 여부를 떠나 민족의식으로 가득 찬 문장들을 쉼 없이 써 내려갑니다. 또한 열하로 떠나며 남은 인원들과 이별하는 중에는 심양에 억류되었던 소현세자를 떠올리며 비분강개합니다.

> 아아, 마음 아프다! 소현세자가 심양의 사저에 계실 때 당시 신하들이 떠나고 머무르거나, 사신이 가고 올 즈음에 어떤 생각을 하였을까? (……) 서캐처럼 작은 나 같은 미천한 신하가 백 년이 지난 뒤인 오늘 생각해 보아도 오히려 혼이 싸늘하게 연기처럼 사그라지고 뼈가 시리어 부서질 듯한데, 하물며 당시 그 자리에서 이별의 절을 하고 하직하는 말을 하는 즈음에야 어떠했겠는가?
>
> —「막북행정록」

이러다간 박제가를 정신 나간 반민족주의자로 생각할 분이 있을지도 모르겠다 싶어 약간의 변명을 추가합니다. 박제가에게도 애국심은 분명히 있습니다! 박제가는 중국어를 공용어로 쓰자고 주장한 다음에 이렇게 말합니다.

내가 앞에서 그렇게 말한 것은 그렇게 해야만 중국과 대등
해질 수 있다고 생각해서이다. ─내편「중국어」

오랑캐에게 도대체 뭘 배우냐며 비웃는 이들에게는 이
렇게 말합니다.

명나라를 위해서 원수를 갚고 우리가 당한 치욕을 씻고자
한다면, 20년 동안 힘써 중국을 배운 다음에 함께 머리를
맞대고 논의해도 늦지는 않을 것이다. ─외편「존주론」

이제 『북학의』와 『설수외사』의 차이를 비교해 보겠습
니다. 저는 앞에서 '제2의 『북학의』'라는 표현을 썼지만 사
실 『설수외사』라는 책은 처음 들어 보는 분이 많을 것입니
다. 그렇다면 먼저 이런 질문을 던져야겠지요. 비슷한 내용
임에도 불구하고 『북학의』는 유명해지고 『설수외사』는 이
름을 얻지 못한 이유는 무엇일까요? 박제가의 이름은 유명
해지고 이희경의 이름은 묻힌 이유는 무엇일까요? 다시 말
하면 공동 토론의 성과임에도 박제가의 『북학의』가 백탑파
의 대표 저작처럼 된 이유는 무엇일까요?

먼저 『북학의』가 지닌 강력한 선명성을 들 수 있습니다. 앞서 말했듯 『북학의』는 필독 고전치고는 구조가 무척 단순합니다. 논리도 거의 예외 없이 '우리나라 문물은 나쁘고 중국 문물은 좋으니 중국을 배우자'로 결론이 납니다. 랩과 비슷한 중독성까지 있어서 자꾸 읽다 보면 우리도 모르게 중국을 배워야 한다는 박제가의 결론에 어느 순간 고개를 끄덕이며 동의하게 됩니다. 이에 비해 『설수외사』는 온건하지요. 중국에 경탄하기도 하고 우리나라의 결점을 지적하기도 하지만 그 정도는 『북학의』에 비하면 그리 강하지 않습니다. 「중국에서 지붕 이는 방법」을 보면 중국의 초가집은 매우 튼튼해서 한번 지붕을 이면 거의 수십 년을 견딘다는 설명이 나옵니다. 박제가였다면 우리나라 초가집의 문제를 조목조목 비판하고 나서 '그러므로 중국을 배우자'라는 정해진 결론으로 끝을 냈을 것입니다. 그런데 이희경은 여기서 주공이 천하를 다스리던 시절을 호출합니다.

주공이 천하를 다스리면서 어찌 빈 땅의 백성들이 몸을 가리는 지붕을 대충 새끼줄로만 묶게 하였겠는가.

이 글의 마지막은 한탄으로 끝납니다.

나도 남들보다 앞서서 중국의 제도를 써 보지는 못하였다. 그러다 보니 지붕을 인 이엉이 늘 비에 삭고 바람에 말려 가시도 때도 없이 집 안이 젖곤 한다.

어떻습니까? 주장이라기보다는 한탄에 가까운, 박제가에 비하면 어딘지 좀 용두사미의 기운이 팍팍 느껴지는 몹시 허무한 스타일이지요? 「중국의 가축」에서는 휘파람과 채찍질 한 번으로 가축을 다스리는 중국 목동의 실력을 칭찬한 뒤 "성인의 교화 때문"이라는 이상한 결론을 내립니다.

가축은 사람의 말을 알아듣지 못하여 가르쳐도 배우지 못하고 꾸짖어도 잘못을 고치지 못하므로, 비록 매일 매질하며 바로잡아 주려 해도 교화시킬 수 없음이 분명하다. 그런데 지금 여섯 가지 가축이 멋대로 사납게 굴지 않고 길들이는 대로 모두 복종하는 것을 보았으니 나는 이것이 다 성인의 교화 때문이라고 생각한다.

「수레바퀴의 통일」, 「수차의 이용」, 「벽돌」, 「농기구」 등의 항목에서는 중국에서 목격한 내용과 제작 방법 등을 실무자 수준으로 상세하게 기술하고 있지만 전체 책에서 차지하는 분량은 그리 많지 않습니다. 이러한 차이가 생긴 이유를 살피기 위해서는 먼저 두 책의 구성을 비교해 보아야 합니다.

박제가는 내편에서 개별 항목들을 다룬 뒤 외편에서 북학에 관한 자신의 생각, 즉 「과거론」, 「재부론」, 「통상론」, 「존주론」 등의 본격 논설을 배치했습니다. 북학에 관한 개별 사례와 논리를 총망라한 책으로 구성한 것입니다.

이에 비해 『설수외사』는 좀 두서없다는 느낌을 줍니다. 이희경 자신이 쓴 서문 바로 다음에 등장하는 첫 번째 내용은 북학과 전혀 관계가 없는 「섭생론」입니다. '마음은 정신의 집이요, 눈은 정신의 창이다. 눈으로 보는 것에 마음도 따라간다'는 내용입니다. 그러고는 「인과응보」, 「벼락 맞은 정녀」, 「돌에 얽힌 불가사의」 등 야담 같은 내용이 이어지다가 이조원의 동생 이정원의 일화가 등장하지요. 그 뒤의 내용은 대부분 중국에서 체험한 것들이지만 「호랑이 길들이기」나 「전족」처럼 북학과 큰 관계가 없는 일화도 자주 등장합니다. 잠깐 한 가지 소소한 사항을 언급하자면 진상본 북학의에도 「장생불사의 방법」祈天永命이라는, 드물게 흥미로운 느낌을 주는 조목이 있긴 합니다. 하지만 박제가답게 이 흥미로운 주제로도 기어코 북학과 관련된 내용을 끌어냅니다.

　　백성을 다스리는 군주가 하늘에 기도하여 장생불사하려고
애쓰는 것과 수련하는 도사가 나이를 늘려 장수하려 애쓰는
것과 힘들여 농사짓는 농부가 흉작의 피해를 입지 않으려고
애쓰는 것은 이치도 한 가지이고 하고자 하는 목적도 서로
통한다.

　　다시 『설수외사』로 돌아가겠습니다. 서문을 보면 박제
가와 이희경의 집필 의도가 어떻게 다른지 금세 알 수 있습
니다. 『북학의』「자서」는 철저하게 이용후생의 관점입니다.

　　현재 백성들의 생활은 날이 갈수록 곤궁해지고, 국가의 재
정은 날이 갈수록 궁핍해지고 있다. 상황이 이런데도 불구
하고 사대부가 팔짱을 낀 채 바라만 보고 구제하지 않을 것
인가? 아니면 과거의 습속에 젖어 편안히 안락을 누리면서
실정을 모른 체할 것인가?

　　『설수외사』「자서」는 시작부터 『북학의』와는 크게 다
릅니다.

나는 일찍이 멈추지 않고 내달리는 수레바퀴처럼 흐르는 세월을 한스러워했다. 게다가 인생이란 그 사이에 잠시 붙어서 바삐 살다가 결국은 죽는 것이니, 백 년 동안의 비환, 영욕, 부귀, 빈천은 한순간의 일로 모두가 꿈같은 것이다.

삶의 허무가 깊이 느껴지지요. 젊은이가 아닌 노인의 글이라 짐작했다면 이번에는 제대로 짚었습니다. 박제가는 29세에『북학의』를 1차로 완결 지었는데 이희경은 61세에『설수외사』를 썼습니다. 집필 동기는『북학의』와는 완전히 다릅니다.

나는 올해로 예순한 살인데, 지난 세월을 돌이켜 보니 이 나이 되도록 이름 석 자를 남기지 못하였다. 젊은 시절을 회상해 보니 모두가 옛일이 되어 버렸고, 앞으로 남은 날도 몇 년 남짓일 텐데 그마저도 초목에 썩어져 일순 바람에 티끌처럼 날리리라. 이 인생, 이 세상이 어찌 한심하지 않겠는가. 이에 평소 듣고 보아 왔던 것과 마음속으로 깨달은 것과 직접 경험했던 일들을 모아 한 권의 책으로 엮어 궤에 보관해 둔다.

이희경이 『설수외사』를 쓴 이유는 오직 하나, 후세 사람이 『설수외사』를 펼치며 '그 옛날 아무개가 지은 책이로구나' 하고 고개를 끄덕여 주는 것뿐이었습니다. 달리 말하면 자신의 이름 석 자를 기억해 주는 것뿐이었죠. 북학론이니 이용후생이니 하는 거창한 관심사는 실은 이 책의 집필 동기에는 존재하지 않습니다. 『설수외사』라는 제목을 붙인 것이 이해가 되는 대목입니다. '설수'는 이희경의 호이고, '외사'는 사관이 아닌 사람이 기록한 비공식 사료라는 뜻입니다.

『설수외사』에서 우리가 주목해야 할 점은 1805년이라는 집필 시기입니다. 개혁 군주를 지향했던 정조는 이미 세상을 떠난 지 오래였고 노론 벽파가 정권을 쥐고 흔드는 차가운 얼음 같은 세상이 길게 이어졌습니다. 이 시기 박제가는 유배 중이었고 박지원은 중풍으로 쓰러져 병상에 누운 채 죽음을 기다리는 상황이었습니다. 그들의 젊은 시절을 지배했던 북학의 꿈은 꽃 한번 제대로 피워 보지도 못하고 저물었습니다. 「백탑청연집 서문」의 처연한 문장을 다시 떠올릴 수밖에 없습니다.

그 후 지금까지 육칠 년 사이에 뿔뿔이 흩어져 지내면서 가난과 질병이 찾아들었다. 이따금 서로 만나 모두 별 탈 없는 것을 다행으로 여기기는 해도, 풍류는 지난날만 못하고 낯빛도 예전 같지 않다. 그제야 비로소 벗과 노니는 데도 진실로 성쇠가 있어, 피차간에 각기 한때일 뿐임을 알게 되었다.

몇 년 만에 양상이 확 바뀐 우정의 모습. 북학의 꿈도 이와 다르지 않았습니다. 다음 장에서 더 자세히 밝히겠지만 20년 넘게 간직해 왔던 북학에 대한 꿈 또한 '각기 한때일 뿐'이었습니다. 저는 『설수외사』를 읽으면서 한 가지 의문을 가졌습니다. 역자 진재교 선생은 "이희경은 앞선 청조 문화의 우수성과 이를 적극 수용하기 위하여 북학을 구상하고, 이를 『설수외사』에 자세하게 담아 놓았다. 요컨대 이희경은 더 나은 기술과 선진 문화를 수용하여 낙후된 자국을 경장하는 것을 당연한 일로 생각한 것이다"라고 썼습니다.[14]

물론 그렇게 볼 수도 있겠지만 제가 본 『설수외사』는 『북학의』의 뒤늦은 재방송처럼 느껴졌습니다. 「벽돌」과 「수레」에 실린 내용은 『북학의』나 『열하일기』와 크게 다르지 않았고, 「수차」와 「농기구」의 내용이 상세하기는 해도 감탄을 불러올 정도는 아니었습니다. 저물어 가는 북학의 꿈을 되살리기에는, 낙후된 조선을 경장하기에는 한참 부족하다는 의미입니다.

　저는 이희경이 『설수외사』를 쓴 진짜 이유는 '사라져 가는 북학의 마지막 그림자'를 문자 속에 붙잡아 두기 위한 안타까운 시도였다고 말하고 싶습니다. 그들 젊은 날의 거창했던 기획이 완수되지 못한 것은 분명합니다. 조선은 그들의 기획을 철저히 외면했습니다. 박제가는 완전히 실패했습니다. 하지만 이희경은 그 실패를 무기력하게 받아들일 수 없었습니다. 그러기엔 지난 삶이 너무 허무했습니다. 사람들에게 적어도 "우리는 이러이러한 꿈을 가지고 살았다"고 말하지 않고는 견딜 수가 없었습니다. 동시대 사람들이 외면한다면 후대 사람들에게라도 알리고 싶었습니다. 그랬기에 철지난 노래 같은 북학의 꿈을 담아 책을 쓴 것입니다. 앞에서도 말했듯 이희경의 삶은 불행했습니다. 박제가는 사대부의 일원으로 받아들여지지 못하는 자신의 처지를 늘 마땅치 않게 여겼지만, 이희경에 비하면 그는 행운아였습니다. 이희경은 박제가가 누린 것의 절반, 아니 절반의 절반도 누리지 못했습니다. 어쩌다 보니 이희경에게 꽤 많은 지면을 할애하게 되었습니다. 하지만 저는 『북학의』를 읽으며 반드시 떠올려야 할 이름은 조헌도, 최치원도, 이지함도, 박지원도 아닌, 바로 이희경이라고 생각합니다.

4

『북학의』는 박제가가 평생을 바쳐 쓴 책이다

우리는 『북학의』가 언제 완성되었는지 정확히 압니다. 박제가가 『북학의』 「자서」에 책을 끝낸 날짜를 밝혔기 때문입니다.

금상 2년 무술년(1778) 가을 9월 그믐 전날 위항도인은 비 내리는 통진의 농가에서 쓴다.

금상은 정조이며 위항도인葦杭道人은 박제가의 호입니다. 위항葦杭은 '갈대로 건너다'라는 뜻으로 『시경』 위풍衛風 「넓은 황하」河廣의 구절 "누가 황하를 넓다고 했나? 한 다발

갈대로도 건널 수 있는 것을"誰謂河廣 一葦杭之에서 따온 것입니다. 북학에 대한 일관된 열망이 담긴 호이지요.

박제가는 1778년 3월 17일 정사 채제공의 종사관으로 뽑혀 중국에 다녀왔습니다. 절친 이덕무는 서장관 심념조의 종사관이 되어 박제가와 동행하게 되었지요. 박제가가 북경을 떠난 것은 6월 16일, 서울에 도착한 것은 7월 1일이었습니다. 일생의 꿈이 담긴 여행이었던 만큼 박제가의 준비는 철저했을 겁니다. 중국에 가기 한참 전부터 이희경 등과 토론을 하며 자료를 검토했고, 조선으로 돌아오자마자 『북학의』 집필을 시작했겠지요. 눈으로 보고 귀로 들은 풍경과 지식을 하나라도 놓치고 싶지 않았겠지요. 『북학의』 집필은 통진(지금 김포시 통진읍)의 시골집에서 주로 이루어진 것으로 보입니다. 이즈음의 심경을 담은 시 두 편을 간략하게 소개합니다.

지친 여행 마치고 띳집에 앉아
저서의 시름만 안고 있네.
푸른 나무 비스듬히 비 뿌리는데
붉은 산에 나 홀로 누각에 기대네.

—「가을의 느낌. 아내에게」(秋感贈內)

앉아서 왕도와 패도 쉽게 말하나

당장 쌀과 소금 마련 어렵네.

산천은 나날이 추워진다.

찬 재를 뒤적이며 홀로 웃자니

좋은 시구 뜬금없이 이르는구나.

—「시골집에서 번민을 풀다」(田舍遣悶)

어떻습니까? 집필에 몰두하고 있는 박제가의 마음 풍경
이 잘 나타나 있지요? 이미 경세가라도 된 양 왕도와 패도 같
은 거창한 관념을 동원한 글을 쓰고 있으나 현실의 그는 아
내를 그리워하고(혹은 서울에 도착하자마자 얼굴만 잠깐 비
친 다음 곧바로 시골로 떠난 것을 미안해하고) 쌀과 소금을
걱정하는 29세의 백수 남편일 뿐입니다. 부쩍 서늘해진 날
씨, 외로움의 감정이 짙게 드러난 상태로 유추해 볼 때 서울
을 떠난 지 꽤 오래되었으며 『북학의』는 거의 마무리 단계입
니다. 박제가가 마침내 『북학의』를 완성한 날은 그믐을 하루
앞둔 9월 29일입니다. 조선 후기를 대표하는 고전 『북학의』
는 3개월이라는 비교적 짧은 기간에 완성된 책입니다. 물론
사전에 쌓아 놓은 자료와 지식이 있었기에 가능했겠지만, 의

외로 쉽게 완성된 책이라고 생각할지 모르겠습니다.

그러나 중요한 문제가 있습니다. 박제가가 3개월 만에 완성했다고 밝힌『북학의』는 우리가 아는『북학의』가 아닙니다. 우리가 통상 접하는『북학의』는 내편, 외편, 진상본으로 이루어져 있습니다. 진상본은 1798년 정조가 '농정을 권하고 농서를 구하는 윤음'을 반포했을 때 상소문과 함께 올렸으므로 당연히 나중에 추가한 내용입니다. 그렇다면 내편과 외편이 모두 완성되었느냐가 해명할 문제이겠지요. 이때는 내편만 완성되었다는 것이 전문가들의 일반적인 견해입니다. 박제가의「자서」에 내편과 외편에 대한 언급이 전혀 없다는 사실이 결정적인 증거입니다. 지금까지 살펴봤던 박제가의 성향상 그리고 집필 목적상 내편과 외편을 모두 완성했다면 어떤 형태로든「자서」에 내편과 외편을 구분해 집필한 이유를 적었겠지요. 외편은 1781년 이전에 어느 정도 완성되었으리라 추측합니다. 1781년 9월 9일에 작성된 박지원의「북학의서」에『북학의』내편과 외편이라는 표현이 등장하기 때문입니다.

그렇다면 박지원이 본『북학의』외편은 현재의 외편과 동일한 내용일까요? 그렇지는 않습니다.「북학변3」은 1781년 10월에 쓴 글이므로 박지원에게 서문을 받은 뒤에 새로 추가한 것이 분명합니다. 『북학의』 이본들을 비교한 안대회 선생은 외편의 「뽕과 과일」桑果, 「장지론」葬論, 이희경의 글 두 편 또한 나중에 추가되었다고 주장합니다.[1] 「병오년 정월 에 올린 소회」 또한 1786년 1월 22일 정조에게 제출한 글이 므로 박지원이 서문을 쓸 당시에 보았을 리는 없습니다.

1798년 정조에게 진상한 진상본 북학의에서도 박제가의 부지런한 수정의 손길이 발견됩니다. 박제가는 기존의 『북 학의』를 그대로 올리는 대신 내·외편 내용을 다시 손보고 새로운 조목을 추가하는 작업을 했습니다. 「똥거름」은 대폭 확대되고 「수레」는 축약되었으며 「유생의 도태」汰儒가 새로 추가되었습니다.

사정이 이러하다면 『북학의』는 결코 3개월 만에 완성한 책이 아닙니다. 기록에 남아 있지는 않지만 내·외편 모두를 수시로 손봤을 가능성이 큽니다. 그러니 『북학의』는 실은 20 년 동안 곁에 두고 시간이 날 때마다 지속적으로 개정을 이 어 간 책이라고 표현하는 게 옳겠습니다. 1796년에 쓴 「연경 잡절」燕京雜絶도 하나의 증거입니다. 중국에 가게 된 자형 임 희택을 위해 박제가가 중국에서 보고 느낀 것을 시로 써 준 작품인데 무려 140수 연작시입니다. 이 중에는 흥미롭게도 『북학의』 내용과 겹치는 구절이 많습니다. 『북학의』와 비교해 몇 편 살펴보겠습니다.

「연경잡절」 47 : (연경의) 아홉 문 온통 모두 돌길을 깔아 /
많은 수레 천둥 치는 소리를 낸다.
『북학의』 내편 「수레」 : 연경에는 대낮에 수레바퀴가 구르
는 소리가 덜컹덜컹 들려서 항상 우레가 치는 듯하다.

「연경잡절」 53 : 농부는 말똥을 주워 담으려 / 소쿠리를 가
지고 말꼬리 쫓네. / 말이 만약 그 자리서 오줌을 싸면 / 땅을
파서 그 찌꺼기 가져가누나.
『북학의』 외편 「똥거름」 : 말이 지나가면 삼태기를 들고 꽁
무니를 따라가 말똥을 거둬들인다.

「연경잡절」 118 : 과일을 새것, 묵은 것 잘 섞어 놓고서 / 보
관하는 방법 있다는 말을 하는구나.
『북학의』 외편 「뽕과 과일」 : 연경은 과일을 저장하는 법이
대단히 훌륭하다. 지난해 여름 과일이 올해 새로 나온 햇과
일과 함께 섞여 판매되고 있다.

「연경잡절」 123 : 땅의 쓰임 벽돌이 우선인데도 / 우리나라

사람들 꾀하지 않네./게다가 웃음거리 더하는 것은/말 탈 때 고삐를 잡게 함일세.

『북학의』내편「벽돌」: 우리나라 수천 리 강토 안에서만은 벽돌에 대해 강구하지 않고 팽개쳐 두고 있다.

『북학의』내편「말」: 말에 견마잡이가 있는 것은 올바른 법이 아니다. 말은 사람이 힘이 들지 않으려고 타는 도구다. 지금 우리나라에서는 한 사람은 말에 타고 또 한 사람은 고생되게 걷는다.

「연경잡절」124 : 김안국은 중국 유학 원하였고/김육은 수레 이용 뜻을 두었지./두 분이 사사로이 좋아했겠나/큰 계획이 나라와 관계되기 때문일세.

『북학의』진상본「강남 절강 상선과의 통상론」: 모재 김안국 선생이 연경의 태학에 입학할 수 없다면 대신 요동의 학교에 들어가기를 바란 의도와 같다.

『북학의』진상본「진상본 북학의를 임금님께 올리며」應旨進北學議疏 : 작고한 정승 김육은 한평생 오로지 수레와 화폐 두 가지 문제를 해결하는 것을 고민했습니다.

「연경잡절」132 : 무수히 몰려든 강남의 배들/통주 성 아래에서 정박하누나.

『북학의』내편「배」: 통주의 동로하는 연경과의 거리가 40
리다. (……) 100리 사이에 배의 돛이 대나무 숲의 대나무
보다도 더 빽빽하게 차 있다.

자형을 위해 쓴 시라서 그랬던 걸까요, 박제가는「연경
잡절」에 중국에 퍼진 자신의 명성을 자랑하는 시 한 편도 은
근슬쩍 끼워 넣습니다. 『북학의』에서 발휘하지 못한 박제가
의 독특한 유머로 봐야 할까요? 이 시로 볼 때 박제가는 마냥
엄숙한 사람은 결코 아니었습니다.

검서관 박제가가 글씨를 쓰니
유리창에 가짜 글씨 돌아다니네.

『북학의』와 겹치는「연경잡절」의 시들을 보면 박제가가
『북학의』를 처음 썼을 때 가졌던 기본 생각이 20년 가까운
시간이 흘렀음에도 거의 바뀌지 않은 사실을 알 수 있습니
다. 그런 의미에서「연경잡절」의 일부 시들은 시로 쓴『북학
의』라 할 만합니다. 이렇게 보면『북학의』는 박제가가 평생
에 걸쳐 쓴 책, 쓰고자 했던 단 한 권의 책이라 표현해도 부족

하지 않습니다. 경세가의 꿈을 버리지 않고 평생을 바쳐 쓴 책이었기에 조선 후기를 대표하는 고전으로 자리매김할 수 있었겠지요. 그렇다면 조선 사회는 박제가가 평생의 역작으로 기획하고 경세가로 이름 날리기를 꿈꾸며 심혈을 기울여 완성한 『북학의』에 어떤 반응을 보였을까요?

박제가가 살던 조선식 법도에 따르면 찬물에도 위아래가 있는 법이니, 먼저 임금인 정조의 반응부터 살펴보겠습니다. 정조가 『열하일기』를 읽었다는 자료는 있어도 『북학의』를 보았다는 기록은 없습니다. 그러니 우리는 정조의 말과 행동에서 그의 독서 여부를 유추해 보아야 합니다. 1801년 박제가는 유배 길에서 이미 세상을 떠난 정조를 그리워하며 다음과 같은 시를 썼습니다.

선왕께선 경장에 뜻을 두시고
일소하여 기강을 회복했는데.
향기가 중도에 그치고 마니
쇠미함을 뉘 능히 일으키려나.
신을 불러 왕안석에 견주셨으니
그 옥음 아직 귀에 쟁쟁하여라.
재주 차이 현격함을 모르셨을까

경사卿士들 풍간하기 위함이었지.　　　　　　　　　—「이원에서」(利原)

　　왕안석이 누구입니까? 신법이라 불리는 개혁 정책으로 송나라를 뒤흔들었던 인물, 중국 역사에서 급진적 개혁가의 대명사로 간주되는 인물입니다. 정조가 박제가를 왕안석에 견주었다는 것은 『북학의』를 읽었을 가능성이 무척 높다는 뜻이라고 생각합니다. 『북학의』에는 양반상인론, 해로통상론, 과거개혁론 등 체제에 순응하는 평범한 사고를 지닌 일반 관료의 입에서는 나오기 어려운 조선 사회에 대한 강도 높은 비판과 대안이 수록되어 있었으니까요. 실제로 정조는 이른바 규장각 4검서(최초로 검서로 뽑힌 박제가, 이덕무, 유득공, 서이수를 말합니다) 중에서도 박제가를 무척 아꼈던 것으로 보입니다. 검서청에 들렀던 정조가 당직인 박제가를 즉석에서 오위장五衛將(궁성을 호위하는 오위의 으뜸 벼슬)으로 임명한 일, 문과 출신만이 오를 수 있는 가승지假承旨(임시 승지)에 박제가를 임명한 일, 부여 현감에서 파직된 박제가의 형벌을 직권으로 감해 준 일*, 이른바 호상胡床 사건(이 사건은 나중에 더 설명하겠습니다)으로 심환지가 박제가를 탄핵했을 때 박제가의 '경박한' 성품을 들어 받아들이지 않은 일 등이 좋은 예입니다. 정조는 또한 박제가 집 근

---

* 박제가는 진휼을 제대로 못한 혐의를 받아 파직되었는데 의금부는 벼슬을 박탈하고 유배에 처하는 형을 내렸습니다. 그러나 정조는 자신의 곁에서 일한 사람에게 적용하기에는 과하다며 벼슬만 박탈했습니다.

처에 있는 소나무를 무척 아꼈다고 합니다. 박제가가 자신의
호를 소나무의 별칭인 정유貞蕤라고 새로 지은 이유입니다.

현직 관료들은 『북학의』를 어떻게 생각했는지 살펴보겠
습니다. 1783년 홍양호는 연행에서 돌아와 「진육조소」陳六條
疏를 제출했습니다. 홍양호는 정조에게 수레의 유통, 벽돌의
도입, 나귀와 양의 목축, 구리의 남용 금지, 털모자 사용 금
지, 중국어 학습 등 박제가가 『북학의』에서 주장한 것과 매
우 흡사한 여섯 가지 대책을 올렸습니다. 안대회 선생은 이
때는 『북학의』가 저술되어 유통되던 시기였으므로 박제가의
주장에 충분히 공감한 홍양호가 이 같은 대책을 올렸을 것이
라고 추정합니다.[2]

『북학의』는 학술적 측면에서도 인정을 받았기에 무엇보
다도 학자들에게 큰 영향을 미쳤습니다. 선진 기술에 관심이
많았던 대학자 정약용은 『경세유표』經世遺表 「방례초본인」邦
禮艸本引에서 이용감利用監이라는 부서를 설치하여 기계와 도
구를 제작하게 하자고 주장합니다.

이용감을 개설하고 북학할 방법을 의논하여 부국강병하도
록 도모하는 것은 변동할 수 없다.[3]

이용감은 이용후생에서 비롯된 이름일 테고 여기에 북학이라는 표현까지 썼으니 어떤 식으로든 『북학의』의 영향을 받은 것은 분명해 보입니다. 정약용의 문집에는 박제가와 나눈 편지, 심지어는 박제가의 개고기 조리법까지 언급되어 있습니다. 규장각에서 함께 일하던 시절의 일화도 소개한 것을 보면 정약용은 박제가와 꽤 친분이 깊었던 것 같습니다.

정약용은 또한 『목민심서』牧民心書에서 표류선을 이용한 기술의 개선을 제안합니다. 앞에서도 살펴보았듯 이는 『북학의』 내편 「배」에 나와 있는 내용이지요. 『북학의』와 비교해 살펴보겠습니다.

『목민심서』 봉공6조奉公六條 「왕역」往役 : 표류선에 대하여 실정을 물을 때는, 사정은 급하고 행하기는 어려운 것이니 지체하지 말고 시각을 다투어 달려가야 한다.

『북학의』 내편 「배」 : 외국인이 바다에 표류하다 바닷가 고을에 정박하는 일이 발생하면, 반드시 그들이 타고 온 배의 만듦새를 비롯한 다른 기술을 꼼꼼하게 질문하고, 재주가 좋은 장인을 시켜 그 방법대로 배를 만들게 한다.

정약용과 박제가의 관계를 말하면서 우리나라에서 처음으로 종두를 시술한 일을 빼놓을 수는 없습니다. 실제 시술은 박제가가 했으나 정약용의 도움이 컸으니 두 사람의 합작품이라고 말하는 게 옳겠습니다. 북학이 만들어 낸 드물고 아름다운 협업의 사례입니다.

경신년(1800) 봄에 마침 검서 박제가가 방문하여 종두방種痘方을 보고 매우 기뻐했다.

"우리 집에도 이 처방이 있네. 일찍이 내각장서 중에서 보고 초하여 둔 것이지만 책이 너무 간략하여 시행해 볼 수가 없었는데, 이제 이 책과 합하여 보면 요령을 얻을 것 같군."

박제가는 돌아간 후 즉시 사람을 보내 자기 집의 소장본을 보내 왔는데 그것 역시 두어 쪽뿐이었다.

(……) 나와 박제가의 의논은 결말을 보지 못하고 끝났다. 이때 박제가는 영평현의 수령이 되어 섭섭해하며 부임하였다. 그 후 수십 일 만에 다시 찾아와 기뻐하며 내게 말했다.

"두종痘種이 완성되었네."

"어떻게 된 것이오?"

"내가 영평현에 부임하여 이 일을 관리들에게 이야기하였더니 이방이란 자가 흥분하며 잘된 것 하나를 구하여 먼저

자기 아이에게 접종하였지. 그랬더니 종핵은 비록 미소하였으나 종두는 잘되었다네."

두 번째로 관노의 아이에게 접종하고 세 번째로 초정의 조카에게 접종하니, 종핵도 점점 커지고 종두도 더욱 훌륭하였다고 한다. ──「종두설」(種痘說), 『다산시문집』

정약용의 북학에 대한 관심은 제자에게로 이어졌습니다. 강진에 유배 온 정약용의 제자가 되어 북학을 접한 이강회*는 「운곡선설」雲谷船說에 다음과 같은 기록을 남겼습니다.

연암 박공이 지은 『열하일기』와 초정 박공이 지은 『북학의』는 무릇 성의 축조, 벽돌 제조, 맷돌, 윤기 등의 제도에 관해서 논한 바가 상당히 자세하여 실용의 문장이라 할 만하다.

이강회는 또 바퀴의 사례를 통해 문호의 개방을 역설한 「제차설」諸車說에서 "박초정의 『북학의』는 헐뜯을 수 없다"는 표현으로 『북학의』에 대한 존경의 마음을 표현하기도 했습니다.[4]

＊ 호는 운곡이며, 정약용이 유배에서 풀려나 고향으로 돌아가자 신안군 우이도(흑산도에 딸린 작은 섬으로 정약용의 형 정약전의 유배지이기도 합니다)로 들어가 학문과 저술에 전념했습니다. 바닷가 출신답게 선박의 활용, 해양 진출의 중요성을 강조한 실학자로 『유암총서』(柳菴叢書), 『운곡잡저』(雲谷雜櫏)를 남겼습니다.

박지원을 무척 존경했으며 박제가와도 친분이 있었던 서유구가 『임원경제지』에서 『북학의』를 다수 인용했음은 앞에서도 밝힌 바 있습니다. 주목할 것은 서유구의 조부가 바로 『북학의』에 서문을 쓴 서명응이며, 1778년 박제가가 중국을 다녀왔을 때의 부사 서호수가 바로 서명응의 아들이었다는 사실입니다. 소론 명문 집안 출신으로 기술을 중시하는 실용적 사고를 지녔던 서명응의 생각이 가학으로 발전해 서유구에게까지 이어진 것입니다.

이덕무의 손자 이규경이 쓴 백과사전 『오주연문장전산고』五洲衍文長箋散稿에는 『북학의』에서 인용한 대목이 다섯 군데 등장합니다. 번역된 내용이 없어 보지는 못했습니다만 학자들에 따르면 이규경의 논리는 박제가와 대단히 유사하다고 합니다.

『북학의』 판본이 20여 종이 넘게 존재한다는 사실 또한 『북학의』의 대중적 인기를 증명하고 있습니다. 길게 설명할 필요도 없는 내용입니다. 읽고 싶어 하는 독자들이 존재했기에 공식적으로는 발간된 적 없는 『북학의』의 여러 판본이 시중에 유통되었던 것이겠지요.

그렇다면 이제 '그러나'를 말할 차례입니다. 위의 몇 가지 사례만으로 정말 『북학의』가 조선 사회에 큰 충격을 주었거나, 아니 조금이라도 긍정적인 영향을 미쳤다고 말할 수 있을까요? 경세가 박제가는 자신이 원했던 대로 사람들에게 제대로 인정을 받았을까요? 답은 여러분이 이미 짐작했듯 '그렇지 않다' 쪽에 훨씬 더 가깝습니다. 먼저 박제가를 왕안석에 비유했던 정조부터 살펴봅시다.

정조가 박제가를 인간적으로 몹시 아꼈던 것은 사실로 보입니다. 그런 정조였지만 『북학의』에 담긴 개혁안을 실제 정책에 반영했다는 증거는 전혀 보이지 않습니다. 1786년(병오년) 정월, 정조는 신하들에게 소회, 즉 마음에 품고 있는 생각을 제출하라는 어명을 내렸습니다. 박제가는 직선적인 성격의 소유자답게 '미치광이 장님 같은 당돌한 짓도 피하지 않고' 『북학의』에서 밝혔던 생각들을 경세가의 관점에서 일목요연하게 정리해서 올리고, 그 글을 『북학의』 외편 「병오년 정월에 올린 소회」에 실었습니다. 『북학의』에서 그랬듯 본론이 시작되는 첫 문장부터 자신의 주장을 강하게 내세우는 방식을 여전히 고수하고 있는 것을 보면 그야말로 박제가답다는 말밖에는 달리 할 말이 없습니다.

현재 국가의 큰 폐단은 한마디로 가난입니다. 그렇다면 이 가난을 어떻게 구제하겠습니까? 중국과 통상하는 길밖에 없습니다.

통상론 뒤에는 양반상인론이 이어집니다. 첫머리는 역시 과격합니다.

저 놀고먹는 자들은 나라의 큰 좀벌레입니다. 놀고먹는 자가 날이 갈수록 불어나는 이유는 사대부가 날로 번성하는 데 있습니다. (……) 신은 수륙의 교통 요지에서 장사하고 무역하는 일을 사대부에게 허락하여 입적할 것을 요청합니다.

박제가의 날 선 비판은 과거 시험과 서얼 차별에 대한 문제 제기로 이어집니다.『북학의』에서 이미 주장한 바 있는 소비의 문제도 빠지지 않고 다시 등장합니다.

현재 국사를 논하는 사람들 중에는 사치가 날로 심해진다고 말하지 않는 자가 없습니다. 신의 관점으로는 그들은 근본을 모르는 자들입니다. 다른 나라는 정말 사치로 인해 망한다고 해야겠지만 우리나라는 반드시 검소로 인해 쇠퇴하게 될 것입니다.

박제가는 자신이 밝힌 정책들이 실제로 행해진다면 "초가집과 거적때기를 친 대문이 붉은 다락에 화려한 문으로 바뀌고, 도보로 걷고 물을 건너기를 걱정하는 자들이 가볍고 튼튼한 말이 끄는 수레를 탈 수 있"는 세상이 10년 안에 올 것이라고 주장했지요. "죽을죄를 무릅쓰고" 말씀드렸다는 이 소회를 본 정조는 어떤 반응을 보였을까요? 정조가 쓴 『일성록』日省錄 1786년 1월 22일 자를 보면, 정조는 다음과 같은 답을 내렸습니다.

여러 조목으로 진술한 내용을 보고서 네 식견과 취향을 볼 수 있었다.[5]

여러분에게 묻고 싶습니다. 이 답변은 긍정적 표현인가요, 부정적 표현인가요? 아니면 이도 저도 아닌 중립적인 표현인가요? 정조의 진심은 그가 취한 조치에서 드러납니다. 이날 대사헌 김이소와 대사간 심풍지와 좌부승지 이동형 등도 자신들의 소회를 밝혔음이 『조선왕조실록』 같은 날의 기록에 나타나 있습니다. 김이소는 연경에서 이단적 사유를 담은 서적을 들여오는 일을 막아 달라고 건의했습니다.

근래 연경에서 구입한 책은 모두 우리 유가의 글이 아니고 대부분 정도에 벗어난 서적들입니다. (……) 별도로 의주에 알려 구입해선 안 될 서적을 사들여 온 자에게는 살펴서 엄히 금지하게 하소서.6)

대사간 심풍지는 박제가를 겨냥하기라도 한 것처럼 연경에서 개별적으로 중국인과 친교를 맺는 것을 금해 달라고 건의합니다.

연경에 가는 사신이 사행의 일 이외에 그쪽 인사들을 방문하여 필담을 나누거나 서찰을 주고받는 것을 금지하소서.

좌부승지 이동형은 사치의 폐단을 말하고는 중국에서 비단 수입하는 것을 금지해 달라고 건의합니다. 이들 건의에는 공통점이 있습니다. 중국과 통상을 하고 중국 사람에게서 배우자는 박제가의 주장과 정확히 반대입니다. 정조는 과연 누구의 손을 들어 주었을까요? 정조는 세 상소 모두 훌륭하다며 그대로 따랐습니다. 비단과 서적 수입 및 중국인과의 친교를 금지하는 방안을 만들 것을 지시했습니다. 비변사에서는 금지사목을 만들어 정조의 명령을 수행했습니다.

정조는 저속한 문장을 바로잡으려는 속내를 드러낸 문체반정을 통해 다시 박제가의 가슴에 대못을 박습니다. 정조의 언행을 수록한 『일득록』日得錄을 보면, 정조는 이덕무와 박제가의 문체를 패관소품이라 비판하면서 이렇게 말하지요.

이덕무, 박제가 무리는 문체가 전적으로 패관과 소품에서 나왔다. 이들을 내각에 두었다고 해서 내가 그 문장을 좋아하는 줄로 아는데, 이들의 처지가 남들과 다르기 때문에 이로써 스스로 드러내도록 하려는 것일 뿐이니, 나는 실로 이들을 배우로서 기른다.[7]

배우는 궁정에서 농담을 하는 신하로, 가무와 해학을 통해 군주에게 간언을 하는 존재를 뜻합니다. 정조가 박제가 등을 내각에 둔 것은 능력을 인정해서가 아니라 동정심에서였다는 겁니다. 처지를 비관하며 허무에 빠지기 쉬운 그들에게 삶의 목표를 주기 위해서였다는 겁니다. 정조에게 박제가는 사랑을 베풀어 줘야 할 대상, 그 대가로 그저 가끔 한두 마디 쓸 만한 말을 하는 배우였을 뿐, 세상을 바꿀 만한 경륜을

가지고 있어 자신과 국사를 진지하게 논할 신하, 즉 경세가
는 전혀 아니었던 것입니다.

홍양호의 「진육조소」에 대한 이야기로 넘어가겠습니다.
『북학의』의 영향을 받았을 것이라는 의견에 저는 약간 회의
적입니다. 홍양호는 소론이었으므로 멀게는 유수원과 서명
응, 가깝게는 당대의 개혁론자 이광려의 영향을 받았다고 보
는 쪽이 아무래도 합리적이겠지요. 양명학을 공부했던 이광
려는 경세학에도 관심이 많아 벽돌과 수레의 활용을 주장하
기도 했으니까요. 이광려가 수레 제작에 관심이 많았던 정황
은 『과정록』과 『열하일기』 「일신수필」에도 보입니다.

참봉 이광려는 문장이 빼어나고 인품이 훌륭한 선비다. 아
버지께서 평계에 거처하실 때다. 하루는 처남인 지계공과
함께 인근 거리를 지나다가 어느 집 사립문 안에 조그만 수
레가 있는 것을 발견하셨다. 만든 솜씨가 자못 정교하여 다
가가서 살펴보았다. 그때 집 주인이 마루에서 내려와 웃으
며 맞이하며 물었다.

"그대는 혹 박연암 아니오? 나는 이광려외다."　　―『과정록』

나는 전에 홍대용, 이광려와 함께 수레 제도에 대해 강론한

바 있다. 수레 제도에서 가장 먼저 해야 할 것은 궤, 즉 바퀴와 바퀴 사이의 간격이 같도록 통일시키는 것이라고 하였다.

―「일신수필」

박제가가 이광려와 교분을 나눴다면, 알려진 것처럼 이광려의 인품이 훌륭했다면, 당파를 가리지 않는 박제가의 성향으로 볼 때 분명 어디선가는 교우 사실을 밝혔을 것입니다. 그러나 『정유각집』이나 『북학의』 어디에도 이광려의 이름은 보이지 않습니다.

정약용, 서유구, 이강회, 이규경 같은 학자들이 『북학의』를 높이 평가한 것은 틀림없는 사실입니다. 그러나 우리도 알고 있듯 고위 관료로 오래 활동했던 서유구를 제외하면 그들은 정권에서 소외된 재야 학자였고(정약용의 저술은 대부분 유배 기간에 완성되었지요) 그들의 학문 활동은 심폐소생술이 필요했던 조선이라는 폐허 직전의 나라를 조금도 바꾸지 못했다는 뼈아픈 진실을 지적하지 않을 수 없습니다.

이런 사실들을 종합해 볼 때 『북학의』의 주장은 조선 사회에 거의 영향을 미치지 못했다는 결론을 내리게 됩니다. 서얼 박제가가 꿨던 경세가의 꿈, 자신도 드러내고 나라도 개혁하겠다는 꿈은 양반의 나라인 조선에서는 철저하게 외면당했던 것이지요.

이제 또 다른 중요한 문제를 잠깐 살펴보고자 합니다. 그렇다면 백탑파의 핵심 인물이었던 박지원은 과연 박제가와 『북학의』를 제대로 이해했을까요? 여러 차례 보았다시피 『북학의』가 공동 토론의 결실임을 유난히 강조했던 박지원은 「북학의서」에 다음과 같은 문장도 썼습니다.

초정은 농사, 누에치기, 가축 기르기, 성곽의 축조, 집 짓기, 배와 수레부터 기와, 삿자리, 붓, 자의 제작에 이르기까지 일일이 눈여겨보고 마음으로 비교하여 보았다.

박지원은 『북학의』 내편과 외편을 모두 보았음에도 내편에 언급된 내용만을 주로 언급하고 있다는 사실이 확인됩니다. 여러 차례 말했습니다만 박제가는 중국에서 관찰한 내용이 주를 이루고 있는 내편보다는 조선이라는 나라의 체제를 완전히 바꾸자는, 경세가로서의 본격적인 주장이 담긴 외편 집필에 더 많은 정성을 기울였습니다. 그런데도 박지원은 외편에 대해서는 아무런 말도 하지 않습니다. 외편에 담긴 가치, 외편 집필에 들어간 박제가의 절박한 노력을 몰라서 그랬을까요? 박지원 같은 당대 최고의 고수가 그랬을 리는 없습니다. 박지원은 박제가의 속내를 정확히 읽었을 겁니다.「북학의서」마지막 문장에서 박지원은 특유의 능청스러운 문장으로 넌지시 자신의 생각을 드러냅니다.

　중요한 것은 이 책을 남에게 말해서는 안 된다는 점이다. 남들은 당연히 믿지 않을 것이기 때문이다.

　박지원은 곧바로 "남들은 우리에게 화를 내리라. 화를 내는 이유는 편벽한 성격에 원인이 있고, 우리 말을 믿지 못하는 근본적인 이유는 중국의 산천을 여진족 땅이라고 죄악시하는 데 있다"라고 부연함으로써 오랑캐를 멸시하는 화이華夷사상에 이유를 돌리고 있습니다. 하지만 저는 왠지 외편에 담긴 박제가 사상의 과격성에 대한 은밀한 충고처럼 보입니다. 박지원의 충고 내지 경고는 홍대용에게 보낸 편지에서도 모습을 드러냅니다.

　이덕무, 박제가 등이 관직에 발탁된 것은 가히 특이한 일이라 하겠습니다. 태평성대에 진기한 재주를 지니고 있으니 자연히 버림받는 일이 없겠지요. 이제부터 하찮은 녹이나마 얻게 되어 굶어 죽지는 않을 터입니다. 어찌 사람에게 허물 벗은 매미가 나무에 달라붙어 있거나 구멍 속의 지렁이가 지하수만 마시듯이 살라고 요구할 수 있겠습니까?

다만 그들은 귀국한 이래로 안목이 더욱 높아져서 한 가지도 뜻에 맞는 것이 없으며, 표정에까지 간혹 재기를 드러내곤 합니다. 중국인과의 특이한 교유에 대해서는 이미 『간정록』乾淨錄을 통해서 귀에 젖고 눈이 익어 실로 저 자신이 답사한 것과 다름없으니, 다시 야단스럽게 탐문하고 토론할 필요가 없었습니다. 그 밖에 기이한 일이 없다고 보지는 않지만, 잠시 억눌러 두고 일부러 북경에서의 일에 대하여는 말하지 않았습니다. 그런데 그 친구들이 이를 자못 괴이히 여겨 답답한 생각이 없지 않은 모양이니, 아마 나의 이런 의중을 깨닫지 못한 듯합니다. (……) 이덕무야 물론 세심한지라 스스로 조심할 터이지만, 박제가는 너무도 재기를 드러내고 자기만 옳다고 고집하니 어찌 능히 그 뜻을 알겠습니까?　　　—「홍덕보에게 답함」[세 번째 편지] (答洪德保書 [第三])[8]

이덕무와 박제가를 함께 꼬집었지만, 이덕무는 세심한 사람이라(즉 분수를 아는 사람이라) 알아서 잘 처신할 거라고 말한 것을 보면, 충고 내지 경고는 온전히 박제가에게 향해 있다고 보아도 과언은 아닙니다. 박지원의 심기가 이토록 불편해졌던 이유는 무엇일까요?

(한 가지 짚고 넘어가자면, 중국인과의 특이한 교우라는 관점에서 볼 때 박지원 또한 완전히 자유롭지는 못합니다. 『열하일기』에는 진짜 중국인 벗을 찾기 위해 동분서주했던 박지원의 모습이 잘 나타나 있으니까요. 하지만 어느 순간부터 박지원은 중국인을 벗으로 사귀는 일에 동참했던 과거에서 슬쩍 발을 빼는 모습을 보입니다.)

다른 이유보다도 박제가가 경세가라도 되는 양 과감하게 말하고 행동한 데에 가장 큰 원인이 있다고 생각합니다. 서얼로 태어나 백수로 지내다가 임금의 은혜를 입어 검서로 특별 채용되었으면 이덕무처럼 감사하며 은인자중할 일이지, 작은 성공에 만족하지 못하고 더 큰 성공을 바라는 마음을 누르지 못하고 양반들의 심기까지 건드려 가며 천방지축 날뛰는 모습은 참으로 볼썽사납다는 것이지요. 물론 박지원이 경고를 날린 까닭은 박제가를 아꼈기 때문이겠지요. 박제가의 앞날을 진지하게 염려해서였겠지요. 편지의 뒷부분입니다.

나는 지금 시골 오두막집에 영락해 있으니, 산 밖의 일은 듣지 못할 뿐만 아니라 묻지도 않습니다. 그들의 일에 상관할

바 없으나, 다만 평소 사랑하고 아끼는 마음이 있기는 형과 사뭇 같기 때문에 편지를 쓰면서 자연히 언급하게 된 것입니다.

박지원이 박제가를 염려하긴 했지만, 서얼 신분을 극복하고 경세가로 이름을 날리려는 박제가 일생의 소원에 담긴 절박함을 온전히 읽지는 못했던 까닭이라고 저는 생각합니다. 전략적으로 파락호의 삶을 살았다고는 해도 뿌리부터 정통 양반인 박지원의 눈에 박제가는 여전히 철모르는 서얼 젊은이일 뿐이었던 것입니다. 서얼에 관대한 박지원이었지만, 그들의 마음을 상당 부분 이해하는 박지원이었지만, 그렇다고 서얼이 아예 양반의 자리를 차지하겠다고 나서는 꼴은 결코 용납하지 않았던 것입니다. 박제가 또한 명석한 사람이라 박지원의 경고와 배려 속에 숨은 의미를 잘 알았으리라 생각합니다. 박제가는 어떻게 반응했을까요? 이에 대해 김용덕 선생은 무척 재미있는 견해를 주장합니다.

연암이 『북학의』 서문을 쓰던 정조 2년에는 두 사람이 북학의 동지였지만, 20년 후인 정조 22년(1798) 『과농소초』와 「진북학의소」(진상본 북학의)를 올렸을 때는 정반대의 경

류, 즉 중농과 중상을 주장하는 대조적인 사상을 갖고 있었다고 생각한다.[9]

한때는 사상적 동지였던 두 사람의 관계가 점점 소원해졌다는 뜻입니다. 다시 말하면 양반이 눈살을 찌푸리는 급진적인 사상을 전혀 버릴 생각이 없었던 박제가는 언젠가부터 점점 보수화되어 가는 박지원을 멀리하게 되었다는 뜻입니다. 박지원 또한 도무지 제어가 되지 않아 심히 부담스러운 박제가와 조금씩 거리를 두게 되었을 테고요. 기본적으로 저는 이 견해에 공감합니다만 두 사람 사이가 더 가까워졌다는 결정적인 증거가 없듯 더 멀어졌다는 확실한 증거 또한 없습니다. 증거로만 치자면 이덕무가 죽었다는 소식을 들은 박지원이 박제가가 받았을 충격을 걱정하고, 그 얼마 후 박제가가 박지원이 현감으로 있던 안의를 방문하는 등 여전히 우정을 이어 간 정황에 대한 증거가 훨씬 많습니다. 그러나 기본적인 교우 관계는 유지되었더라도 생각의 차이가 백탑파 시절보다 훨씬 커진 것만큼은 사실에 가깝다고 봅니다.

1798년 정조가 반포한 '농사를 장려하고 농서를 구하는 윤음'에 대한 답으로 박제가는 진상본 북학의를 올렸습니다. 이때의 박제가는 여전히 우리가 잘 아는 바로 그 박제가입니다. 박제가는 상소문에서 "하늘이 좋은 곡식을 내려 주어 우리 백성들을 먹게 하는 농사야말로 그 일이 대단히 중요하다"라고 쓰기는 했지만 선박의 개선, 수레의 통행, 선비의 도태 등 농업과 특별히 관련이 있다기보다는 『북학의』에서 개진했던 핵심 주장을 모아서 다시 반복합니다. 스스로도 그 점을 잘 알고 있었기에 "제가 올린 진언은 전부터 저들이 비난하고 비웃는 한두 가지에서 벗어나는 것이 아닙니다. 또다시 신이 망발을 하고 있다는 비난을 저 스스로 자초하고 있습니다만 이것을 제외하곤 제가 드릴 말씀이 없습니다"라고 적었습니다.

이에 비해 박지원은 윤음의 취지에 정확히 맞게 『과농소초』課農小抄라는 농서를 제출했고, 「제가총론」諸家總論 편에서는 "사람들이 농사를 버리고 상업에 종사하면 간교의 원천이 된다"라며 젊은 시절에 비하면 부쩍 보수적으로 변한 견해까지 내세웁니다. 상업이 아닌 농업에 확실한 방점을 찍은 이 책에 정조는 "요즘 경륜을 펼친 좋은 책을 읽고 있으며, 『농서대전』은 박지원에게 편찬하게 해야겠다"라는 반응을 보였다고 합니다.(『과정록』) "문풍이 이렇게 된 것은 모두 박지원의 죄다"라고 일갈하며 일찍이 『열하일기』를 대놓고 비난했던 정조는 문체나 내용 모두 고전이 제시한 길을 완벽하게 따르고 있는 『과농소초』에는 크게 만족했던 것입니다. 학자들이 『과농소초』를 정조에게 바치는 일종의 속죄의 글로 보는 것도 무리는 아니겠습니다.

끝까지 북학의 대의를 붙잡고 경세가의 꿈을 놓지 않은, 젊은 시절의 주장을 수시로 업그레이드하며 상대가 질리도록 같은 말을 되풀이했던 박제가. 그리고 안의 현감, 면천 군수를 지내며 『과농소초』를 쓴 박지원의 행보는 정조 사후 완전히 갈리고 맙니다. 앞서 설명했듯 박제가는 정조 시절에도 양반 관료들의 질시를 한 몸에 받았습니다. 앞에서 미뤄두었던 호상 사건을 살펴보지요. 『조선왕조실록』 정조 21년 (1797) 2월 25일 자를 보면, 노론 벽파의 영수 심환지는 임금이 거둥했을 때 박제가가 고위 관료들과 함께 호상에 앉아 있었다는 이유로 박제가의 탄핵을 요청했습니다. 호상은 중국식 의자로 심환지에 따르면 정삼품 참의 이상 관료만이 앉을 수 있습니다. 정조는 원래부터 사람이 경솔하고 관례를 잘 몰라서 생긴 일이라고 말하며 탄핵 요청을 거절했습니다. 하지만 저는 박제가가 관례를 잘 몰라서 호상에 앉았다고 생각하지 않습니다. 법규에 밝았던 박제가는 일부러 관례를 어긴 것입니다. 왜냐고요? 스스로 호상에 앉을 자격이 있다고 생각했기 때문이지요. 자신은 비록 서얼이긴 하지만 한때 오위장과 가승지라는, 품계로만 보자면 정삼품의 자리에 있었으니까요. 그러므로 호상 사건은 여전히 자신을 인정하지 않는 관료 사회에 대한 무언의 시위인 것입니다(실제로 그런 마음이었는지에 대한 증명은 불가능합니다). 정조 또한 박제가의 고의성을 어느 정도 눈치챈 것으로 보입니다. 앞서 정조가 박제가를 왕안석에 비유했다고 말한 바 있지요? 박제가는 이를 더할 나위 없는 칭찬으로 받아들였지만, 정조 입장에서는 매사에 조심하라는 경고를 날린 것으로 볼 수도 있습니다. 주지하다시피 왕안석의 개혁은 실패했으니까요. 흠잡을 데 없는 가문과 경력을 지녔던 왕안석도 실패했는데 서얼 박제가의 주제넘은 개혁이, 그것도 조선 같은 이념 중심의 나라에서 성공할 가능성이 있겠습니까? 결국 정조의 말은 내가 널 돌봐 주기는 하겠지만 그래도 조심, 또 조심하라는 당부에 가깝다고 보는 게 옳겠습니다. 정조의 예언은 결국 적중합니다. 정조가 죽은 뒤 박제가는 그야말로 고립무원의 처지가 됩니다. 영평 현감을 지내다가 또다시 심환지의 상소로 해임된 박제가는 결국 사돈 윤가기의 사건*에 얽혀 함경도 종성으로 유배되지요.

그렇다면 박지원은 어떠했을까요? 면천 군수를 지낸 박

---

* 윤가기는 성문에 흉서를 붙였다는 혐의로 체포되어 목숨을 잃었습니다. 윤가기의 여종은 박제가 또한 윤가기와 함께 흉언을 했다고 자백했지요. 그러나 이 사건은 정치적 음모일 가능성이 높습니다. 다만 이 사건이 아니었더라도 고립무원의 신세였던 박제가는 어떤 식으로든 처벌을 받았을 겁니다.

지원은 정조 사후에 양양 부사로 승진합니다. 박지원의 아들 박종채는 "음관으로서 양양 부사에 임명된 것은 아버지가 처음"이었다고 말합니다. 경세가를 꿈꾸던 박제가는 유배객이 되었고, 과거도 보지 않고 문장가라는 명성을 드높여 가며 유유자적 살아가던 박지원은 말년에 제법 여유로운 삶을 누렸습니다. 이 결과를 놓고 뭐라고 말하면 좋을까요? 박지원 또한 무척 좋아하기는 하나 박제가 편을 들지 않을 수 없는 저로서는 역시 양반과 서얼의 길은 다르구나, 체제와 적당히 타협하는 자와 대놓고 체제에 반발하는 자의 미래는 다르구나, 하는 씁쓸한 결론을 내리게 됩니다.

이덕무의 『입연기』에는 박제가의 미래와 관련해 꽤 의미심장한 내용이 하나 나옵니다. 박제가의 앞날에 닥칠 시련을 예언하는 듯한 장면입니다. 박제가는 앞에서 말했듯 20세 때 영변도호부사로 부임한 장인 이관상을 따라가 영변에 머물며 묘향산 등을 여행했습니다. 어느 날인가는 육승정六勝亭이라는 정자에서 시를 지었고 쇠붓으로 판자를 지져 글씨를 썼습니다. 이 글씨가 육승정에 꽤 오래 걸려 있었던 모양입니다. 그런데 중국에 가는 도중 다시 육승정에 올랐더니 이 글씨는 사라지고 없었습니다. 이덕무는 『입연기』 3월 30일 자에 이렇게 썼습니다.

지난해에 어떤 서울 선비가 이를 보고 크게 노해서 뽑아 부수었다고 한다.

5

통진에서

박제가 인생에서 가장 아름다웠던 순간 셋을 그의 허락 없이 제 마음대로 손꼽아 봅니다. 첫째는 이덕무와 교유를 맺었던 때이고, 둘째는 백탑파 시절입니다. 세 번째로는 통진의 시골집에서 『북학의』를 쓰던 나날을 들고 싶습니다. 우리로서는 참 다행스럽게 박제가는 그즈음의 심경을 「새벽에 앉아 회포를 쓰다」曉坐書懷라는 연작시 7수 속에 고스란히 남겨 놓았습니다. 이 연작시는 대략 두 계열로 나뉘는데, 첫 번째 계열은 집필 중인 『북학의』의 내용과 관련이 있습니다.

신라는 바닷가에 자리를 잡아

지금은 팔도 중의 하나가 됐네.
고구려 왼편에서 쳐들어오면
당 군대 우측에서 뛰어나왔지.
곡식 창고 저절로 여유로워서
군사 먹임 예법을 잃지 않았네.
이 일을 따져 봄은 어째서인가
그 쓰임 수레와 배에 있었네.
배는 능히 외국과 통하게 하고
수레는 나귀와 말 편안케 하지.

요하가 몽골에서 솟아 나오니
물길 좁고 흐름 또한 아주 길다네.
(……)
평원은 드넓어서 끝이 없으니
먹여 기른 가축이 천 리 이어졌지.
해와 달 비록 온통 황량하여도
풍기는 중국과 한가지라네.
잃어버린 이 땅을 되찾아 와서
우리 백성 가난함을 위로했으면.

육로 재화 연경과는 통하지 않고
바다 장사 왜 땅을 넘지 못하네.
비유하면 들판에 우물 있는데
물 못 길어 목말라 갈증 나는 격.
안민은 보화에 있지 않으니
먹고살 일 날로 힘듦 염려하노라.
지나친 절약 백성들 즐겁지 않고
가난하면 도둑질이 많아진다네.

　아마도 박제가는 시간 가는 줄 모르고 『북학의』를 쓰고 있었을 겁니다. 그러다가 문득 고개를 들어 어리둥절한 눈으로 주위를 살피고서야 새벽이 되었음을 알았겠지요. 갑자기 피곤이 몰려옵니다. 좀 쉬려고 붓을 내려놓았지만 방금 전까지 쓰고 있던 『북학의』는 여전히 머리를 떠나지 않습니다. 몇 시간이고 계속해서 글을 쓰다 보면 저 같은 삼류 작가에게도 가끔 일어나는 현상입니다. 손은 글쓰기를 멈추었어도 머릿속 생각이 사라지려면 시간이 좀 걸립니다. 그러다 보니 『북학의』 속의 문장이 잔뜩 들어 있는 시가 나왔겠지요.
　두 번째 계열의 분위기는 사뭇 다릅니다.

맑은 새벽 나귀의 울음을 듣고
궁벽한 산골임을 문득 깨닫네.
엷은 서리 시냇물에 덮여
창가의 등불 찬 허공을 비추는구나.

긴긴밤 생각만 자꾸 많아서
일어나 잊으려다 그만두누나.
먹고살 일 집착함 때문 아니니
아득한 천지간의 근심 품었네.

긴 여행에서 돌아온 지 한 달쯤 되니
또다시 떠날 마음 일어나누나.
나그넷길 힘들겠지만
생각하면 흠모하는 마음이 이네.

빈방에 함께할 벗이 없으니
먼 데 꿈 누구와 함께 말하랴.
마음속에 남았고 눈에도 있어
노닐던 곳 또렷이 기억나누나.
(……)

이불 걷고 한바탕 긴 한숨 쉬니

잠깐 사이 아득한 옛날 되었네.

『북학의』를 쓰다 남은 날카로운 조각 같은 생각들을 시 몇 수로 풀어내고 나니, 비로소 현실의 풍경이 보입니다. 나귀가 이른 울음을 울고 달빛은 흰데 문득 한기가 몰려옵니다. 계절은 어느새 가을의 끝으로 향하고 있습니다. 갑자기 허무한 마음이 생겨납니다. 천지간의 근심에 몰두하느라 시간이 가는 줄도 몰랐습니다. 내 안에 들어 있던 생각들을 쏟아 내느라 외로운 줄도 몰랐습니다. 코앞에 다가온 경세가의 꿈만 바라보느라 내 검은 그림자를 살펴볼 겨를도 없었습니다. 나귀의 쓸쓸한 울음을 들으며 차가운 달빛을 보니, 이게 다 무슨 짓인가 하는 자괴감이 몰려옵니다. 곁엔 다정한 친구 하나 없으니 품었던 꿈을 나눌 도리도 없습니다. 쓰고 있던 문장은 낯설어지고 경세가의 꿈은 미련스럽기만 합니다. 아, 떠나왔던 그곳으로 다시 돌아가고 싶습니다. 나를 알아주던 중원의 선비들과 붓을 들고 한바탕 이야기를 나누고 싶습니다. 그러려면 수레에 몸을 실어야겠지요. 그러나 이 나라에 수레는 없습니다. 수레가 있다 해도 당장 혼자서 달려가기엔 너무 먼 길입니다. 긴 한숨으로 마음을 달래 보지만 허전함은 더 커져만 갑니다. 아, 눈으로 보고 귀로 듣고 마음으로 느꼈던 모든 것들, 진리라고 믿었던 것들이 이제는 한바탕 꿈만 같습니다.

저는 이 연작시에 서얼 출신, 29세 백수 청년의 마음이 잘 드러나 있다고 말하고 싶습니다. 실현의 가능성은 희미하나 원대한 꿈을 지닌 청년의 불안한 마음, 돌아보면 아무것도 가진 게 없는 청년의 외롭고 쓸쓸한 마음 말입니다.

이 시들을 쓰고 나서 얼마 뒤에 박제가는 유득공을 만났던 모양입니다. 『북학의』를 다 썼는지는 확실하지 않습니다. 오래간만에 벗을 만난 박제가는 '먼 데 꿈'을 마음껏 털어놓습니다. 귀국한 이래 가장 즐거운 때였겠지요. 그 아름다운 시간을 박제가는 한 편의 시에 완벽하게 담아냈습니다.

집 둘레 산은 비어 고요도 한데
열린 문 안 달빛만 홀로 맑구나.
천고에 품은 뜻을 그 누가 알리
추운 밤 평생 일을 이야기하네.

— 「달밤에 유득공을 방문하다」(月夕訪泠菴)

다시 '그러나'를 말해야겠습니다. 세상을 뒤바꿔 놓을

경세가의 꿈을, 나를 나보다 더 잘 아는 벗을 만나 들뜬 마음으로 이야기했으나 현실의 그들은 백수 청년이었습니다. 경세가는커녕 당장 뒤를 봐줄 후원자 한 명도 없어서 평생 취직도 불가능한 서얼 청년이었습니다. 아마도 술을 한 잔 마셨겠지요. 한 잔으로는 모자라 또 한 잔을 마셨겠지요. 취기가 오른 박제가는 생일이 똑같기에 정확히 자신보다 두 살 많은 유득공을 보며 이렇게 탄식합니다.

그대 보지 못했나
한양성 안 저자가 저렇듯 번화해도
늘어선 많은 집에 내 집 하나 없는 것을.
또 보지 못했는가
으뜸가는 기름진 땅 사방에 널렸어도
혜풍(유득공)이 소유한 밭 한 뙈기도 없는 것을.
지체 높은 사람들 천백 사람 가운데
아무리 꼽아 봐도 먼 친척 하나 없네.

—「큰 소리로 노래하여 유득공의 말을 부연하다」(放歌行 演泠菴語)

그러나 젊음은 좋은 것입니다. 아직 젊은 박제가는, 서른이 안 된 박제가는 취기와 우울함을 떨쳐 내고 이내 기운을 차립니다.(시의 원제에 방가放歌라는 단어가 들어 있다는 사실에 주목하기 바랍니다. 고성방가의 바로 그 방가입니다.) 뭐니 뭐니 해도 박제가에게는 일생의 거작 『북학의』가 있으니까요. 『북학의』를 발표하면 세상은 분명 박제가를 달리 볼 것입니다. 직업도 없는 주제에 불평불만만 더럽게 많은 서얼 청년인 줄로만 알았는데 알고 보니 가난한 나라 조선을 부국으로 이끌 걸출한 경세가였다며 경외의 눈으로 바라볼 것입니다. 분명 눈 밝은 이는 박제가가 난세의 영웅임을 알아볼 것입니다.

우리들 뜻을 잃고 낙척함이 이 같으나
명성 있는 사람에게도 주눅 들지 않으리라.
(……)
인생의 궁달이야 본래 때가 있는 법
예로부터 영웅은 모두가 이러했네.
다만 장차 말 타고 압록강 건너가면
성명이 오촉 땅을 놀라게 하기 충분하리.
돌아와선 조그만 오두막집을 짓고
깨끗한 몸 굶주림 참고 길이길이 글 쓰리라.

166

우리는 박제가의 인생이 그가 꿈꿨던 방향으로 흘러가지 않았다는 사실을 이미 알고 있습니다. 정조가 검서 자리를 만들어 특별 채용을 해 준 덕분에 백수 신세는 면했지만, 그가 원했던 경세가의 꿈을 펼칠 수 있는 자리는 아니었습니다. 하급 관리인 검서가 해야 할 일은 정말로 많았습니다. 각종 문서와 서적의 교정 교열은 기본이었고 때로는 임금의 비서 노릇도 해야 했으며 규장각 각신과 초계문신이 벌여 놓은 온갖 잡다한 일도 수습해야 했습니다. 숙직은 또 왜 그리 잦았는지요. 일주일에 한두 번 집에 가면 다행이라고 했으니 업무 강도를 알 만합니다. 임금을 가까운 곳에서 모시며 때로는 이야기를 나눌 기회도 얻었고 과분한 선물도 받았지만 그 작은 만족이 오로지 실무만 처리하는 하급 관리라는 현실을 완전히 무시하게 만들지는 못했습니다. 천생 선비인 이덕무와 유득공은 속내를 별로 드러내지 않았지만, 직선적인 성격의 박제가는 달랐습니다. 박제가는 세 차례에 걸쳐 총 12년 넘게 검서 자리에 있었습니다. 시를 통해 수시로 투정하던 박제가는 마침내 인내의 끝에 도달했습니다. 오랜 검서 생활에 눈이 어두워졌다며 이제 그만두겠다는 마음을 드러낸 시 한 편을 인용합니다.

눈 어지러워 나무에 헛된 무늬 나타나고

이따금 금가루가 어지러이 흩날린다.

(……)

내각의 문서들을 낙엽 쓸듯 하였고

십 년간 밤낮없이 교정을 보았지.

(……)

바깥에서 마구 써도 시력 잃기 충분한데

하물며 괴롭게도 오장까지 태웠다네.

(……)

소인들은 나를 보고 출세했다 말하지만

지금껏 아내의 치마 없음 누가 알리.

—「눈이 어두워져 관직을 사임하며

동료들에게 보이다」(以眼昏辭官示諸寮)

　　"내각의 문서들을 낙엽 쓸듯 하였고"라는 시구에 담긴 박제가의 좌절감이 눈에 보이는 듯합니다. 박제가는 시를 통해 수많은 불평 불만을 털어놓았는데 자신의 직책을 '찬밥', '말꼬리' 등으로 비유했고, 자신에 대해서는 '미미한 재주', '미천한 신하' 등의 자조적인 표현을 자주 사용했습니다.[1] 박제가의 투정 혹은 정조의 배려 덕분에 외직인 부여 현감

등을 지내게 되었지만 작은 고을의 수령은 거창한 경세가의 꿈을 꾸었던 그에게는 여전히 부족한 자리였지요. 그럼에도 박제가를 향한 비판의 말은 왜 그렇게 많았는지요. 양반 눈에 그는 시대를 잘 만난 운이 좋은 서얼, 분수를 모르는 건방진 서얼일 뿐이었습니다.

박제가 인생에서 가장 가슴 아픈 대목을 들라면 저는 1794년에 무과 시험을 치러 장원급제한 일을 들겠습니다. 『조선왕조실록』 정조 18년 2월 26일의 기록입니다.

문묘에 작헌례를 거행하고 돌아와서 춘당대에 거둥하여 문과와 무과 시험을 보였다. 문과에서는 김근순 등 6명을 뽑고 무과에서는 박제가 등 31명을 뽑았다.

박제가가 어떤 상황에서 과거를 치렀는지 정확히 알 수는 없습니다. 그렇더라도 박제가의 편을 들기는 어렵습니다. "어려운 경제 상황 탓이었다고 볼 수도 있지만, 연암처럼 과거 시험을 완전히 포기할 수도 없었다는 것은 초정의 자기모순이었다"[2]라고 쓴 미야지마 히로시 선생의 견해에 전적으로 동의합니다. 『북학의』 외편 「과거론 1」에서 박제가는 이렇게 주장했지요.

옛날의 과거는 인재를 취하려는 방법이었으나 오늘날의 과거는 인재를 제한하려는 방법이다.

청년 시절 박지원에게 보낸 시에서는 이렇게 썼지요.

차라리 경륜 품고 시정에 지낼망정
과거 보아 문장으로 인정받진 마옵소서.

—「연암 선생께」(寄燕巖)

1777년 증광시에 응시했을 때와는 전혀 다른 상황입니다. 1777년의 응시는 자신의 능력을 세상에 보이고 싶었던 청년의 패기로 해석할 수 있는 반면, 1794년 과거에 응시한 것은 도무지 설명할 방법이 없습니다. 그 스스로 조선을 망치는 주범이라 주장했던 과거 시험장에 걸어 들어간 것이니까요.

우리가 아는 박제가는 과연 어떤 사람이었던가요? 가장 박제가다운 몇 가지 사례를 들겠습니다. 1793년 1월 박제가는 반성문을 제출했습니다. 감각적인 소품문의 작가로 세상의 문풍을 어지럽혔던 행적에 대해 품격 있는 반성문으로 용서를 구하라는 정조의 명령이 있었기 때문입니다. 평생의 벗 이덕무가 죽기 직전, 뻐딱하게 굴지 말고 제발 반성문을 쓰라고 부탁하는 편지를 보낸 건 널리 알려진 일화입니다. 원래의 박제가였다면 반성문을 쓰지 않았을 겁니다. 다른 사람도 아닌 이덕무의 부탁은 박제가의 마음을 돌려놓았습니다. 박제가는 「비옥희음송」比屋希音頌이라는, 글자 그대로 풀이하자면 '정조의 훌륭한 치세를 칭송하는 소리가 온 나라에 가득하다'는 제목을 단 반성문을 썼습니다. 하지만 말이 반성문이었지 실은 전혀 반성문이 아니었습니다.

배움이 지극하지 못한 것은 진실로 신의 잘못입니다. 하지만 천성이 다른 것은 신의 잘못이 아닙니다. 이를 음식에 비유해 보겠습니다. 상에 놓인 자리로 말한다면, 곡식이 앞자리에 놓이고 국과 포는 뒤에 놓입니다. 맛으로 말한다면, 소금에서 짠맛을 가져오고 매실에서 신맛을 취하며, 겨자로 매운맛을 가져오고 찻잎에서 쓴맛을 취합니다. 이제 짜고 시거나 맵고 쓰지 않음을 가지고 소금이나 매실, 겨자와 찻잎을 죄주는 것은 마땅합니다. 그렇지만 반드시 소금과 매실과 겨자와 찻잎이 각기 그 물건 되는 것을 나무라 "너는 어찌 곡식과 비슷하지 않은가?"라고 하거나 국과 포에게 "너는 왜 앞자리에 있지 않느냐?"라고 말한다면, 지적을 당한 것들은 실질을 잃게 되고 천하의 맛은 피폐해지고 말 것입니다.

한마디로 말해 작가가 고심 끝에 얻은 고유의 산물인 문체를, 작가다움의 증거라 오히려 자랑스럽게 여겨야 할 문체를 고치라는 정조의 명령은 소금에게 왜 너는 짜냐고 화를 내는 것, 그러므로 자신의 본연의 모습을 버리고 남들과 닮기를 강요하는 횡포나 마찬가지라는 뜻입니다. "살아 있네"라는 철 지난 유행어가 저절로 떠오릅니다. 박제가는 또한 어떤 사람이었습니까? 남과 다른 벽을 가지라고, 남들이 가지 않는 길을 가라고 소리 높여 외쳤던 사람 아니겠습니까?

벽癖이 없는 사람은 아무짝에도 쓸모없는 사람이다. 벽이란 글자는 질疾(질병)과 벽僻(편협함)을 합한 것이니, 병 가운데 지나치게 치우친 것이다. 그러나 홀로 자기만의 세계를 개척하는 정신을 갖추고, 전문의 기예를 익히는 것은 종종 벽이 있는 사람만이 할 수가 있다. ──「백화보 서문」(百花譜序)

이러한 글은 또 어떻습니까? 처남 이한주가 박제가가

기이한 것을 지나치게 좋아한다며 염려를 드러내자 박제가는 결심한 듯 단호하게 답변합니다.

제가 기이함을 좋아한 적이 있습니까? 사실은 처남의 무리들이 기이함을 좋아한다고 저에게 덮어씌운 것입니다. 기이함을 좋아한다고 말하는 것이 시문과 편지가 남들과 조금 다르기 때문입니까? 처남께서 보셨다시피, 제가 말을 하고 편지를 보낼 때 어떤 사람인지 가리지 않고 모두 다 기이하게 하던가요? 제게는 그렇게 해도 된다고 허여한 사람이 한두 명 있는데 처남도 그중 하나입니다.

—「상중의 이몽직에게」(答李夢直哀)

『북학의』라는 벽의 세계에 평생 몰두했던 박제가가, 자신을 둘러싼 문제 제기에도 늘 당당했던 박제가가, 20년 세월 경세가의 꿈을 버리지 않고 간직했던 박제가가, 현실의 모순과 자신의 한계를 인정하고 스스로 과거 시험장에 들어가는 모습은 상상만으로도 가슴이 아픕니다. 물론 그 후에도 호상 사건을 일으키거나 진상본 북학의를 올리며 예전 박제가의 모습을 보여 주기는 하지만 과거에 응시한 사실 자체를 아예 지울 수는 없었지요. 우리의 청년 박제가도 어느덧 노인이 된 것입니다. 노인이란 나이를 많이 먹은 사람이 아닙니다. 세상과 자신의 한계를 인정하는 순간, 꿈을 포기한 순간 사람은 노인이 됩니다. 이런 관점에서 볼 때 『북학의』는 박제가의 미완의 꿈이 담긴 안타까운 책이기도 합니다.

정리하겠습니다. 박제가는 장점과 단점이 명확한 사람이었습니다. 젊은 시절 그는 우정의 힘을 믿었습니다. 그는 당파와 국경을 가리지 않고 사람과 사람과의 교우를 사랑했습니다. 1777년에 지은, 자신이 좋아하는 사람들에 대한 그리움을 담은 시 「장난 삼아 왕어양의 세모회인시를 본떠 짓다」에서 그는 무려 60인을 다루었습니다. 이덕무, 박지원, 유득공, 이희경, 이서구 등이 포함된 것은 당연하지만 이용휴, 강세황 등 당시 문예계의 거목이 포함된 것은 이채롭습니다. 박지원이 재야 시인 이언진의 전기 『우상전』虞裳傳을 집필하면서 남인이라는 이유로 이언진의 스승 이용휴의 이름을 언급하기 꺼린 것과 대조되는 장면입니다. 박제가의 시에는 이조원, 반정균, 육비 등의 중국인이 포함되었고 만날 기회도 없었던 일본인들도 포함되었습니다. 박제가는 국경과 당파와 신분과 나이를 넘어선 우정을 꿈꾸었습니다. 북학은 이러한 박제가 특유의 개방성에서 시작되었다고 저는 생각합니다. 그에게 북학은 학문적인 구호가 아니라 일상이자 삶의 목표였습니다.

그의 결점은 지나치리만큼 솔직한 성격이었습니다. 그는 좋아하는 사람은 끝까지 좋아했고 한번 싫어한 사람에게는 절대 마음을 주지 않았습니다. 서얼의 신분임에도 심환지 같은 노론의 영수에게 크게 미움을 받았던 이유입니다. 서얼에 건방지기까지 했으니 그는 콧대 높은 양반들의 눈 밖에 나고 맙니다. 결국 박제가는 실패했습니다. 정조 사후 사돈인 윤가기의 사건에 얽혀 함경도 종성으로 유배되었고, 유배에서 풀려나자마자 세상을 떠났습니다. 그는 조선이라는 완고한 나라의 문을 여는 데 실패했고 경세가의 꿈을 이루는 데 실패했습니다. 다시 말합니다.『북학의』는 실패의 기록입니다. 어쩌면 처절하게 실패했기 때문에 우리에게는 반드시 읽어야 할 책일지도 모르겠습니다.

글을 마무리하는 자리에서 박제가가『북학의』를 썼던 통진이라는 곳을 다시 떠올립니다. 우연인지 운명인지 박지원 또한 통진에서 글 한 편을 쓴 적이 있습니다. 검은 구름으로 가득하던 하늘에 갑자기 무지개가 뜬 광경을 묘사한 무척이나 아름다운 글입니다.

말을 재촉해 10리 남짓 가자 문득 햇빛이 비치는데 점점 밝고 고와졌다. 조금 전의 험상궂던 구름은 모두 아름답고 상서로운 구름으로 변해 오색이 영롱하였다. 말 머리에 한 길 남짓 무슨 기운이 어렸다. 누렇고 탁한 게 기름이 엉긴 것 같았다. 잠깐 사이에 갑자기 청홍색으로 변하더니 높다랗게 하늘까지 닿아, 문으로 삼아 들어가거나, 다리로 삼아 저편으로 건너갈 수 있을 것 같았다. 처음 말 머리에 있을 때는 손으로 만질 수 있을 듯했는데 앞으로 나아가면 나아갈수록 더욱 멀어졌다. 문수산성에 이르러 산기슭을 돌아나오며 바라보니 강 따라 100리 사이에 강화부 외성의 흰 성가퀴가 햇빛에 반짝거리고, 무지개 발은 아직도 강 한가운데 꽂혀 있었다.[3]

—「말 머리에 무지개 선 것을 보고 기록하다」(馬首虹飛記)

박제가는 『북학의』 「자서」에 이렇게 썼지요.

금상 2년 무술년(1778) 가을 9월 그믐 전날 위항도인은 비 내리는 통진의 농가에서 쓴다.

두 사람 모두 통진에 머물렀는데 박제가는 비 내리는 통진을, 박지원은 무지개가 뜬 통진을 보았습니다. 이 통진의 풍경은 어쩌면 또 그렇게 두 사람의 글과 일생을 닮았는지요. 아무것도 아닌 그저 우연의 일이겠지요. 박제가의 처절한 실패에 마음이 상한 저는 두 사람의 앞길을 예언해 주는 시참詩讖 같은 통진의 다른 풍경이 영 마음에 걸립니다.

이제 정말로 마지막입니다. 박제가가 대화가 이인문의 그림을 보고 남긴 짧은 평을 소개하는 것으로 두서없는 글을 마치려 합니다.

이 땅에는 감식안이라는 게 없는 것인가?

나는 그를 만나고 싶네.

　　　　　—「고송유수도인의 잡화 그림에 적은 평」(古松流水道人 雜花題評)

+ 주

서문을 대신하여

1) 이현우, 『아주 사적인 독서』, 웅진지식하우스, 2013

1장

1) 이헌창, 「초정의 이용후생 사상과 부국론」, 『초정 박제가 연구』, 사람의무늬, 2013

2) 이승수·정민·박수밀 외 옮김, 『정유각집』, 돌베개, 2010

3) 안대회 옮김, 『궁핍한 날의 벗』, 태학사, 2000

4) 미야지마 히로시, 「제(際)를 자각한 자의 고뇌」, 『초정 박제가 연구』

5) 김용덕, 「기적의 선각자 박제가의 경제사상」, 『진단학보 52집』, 1981(오세영, 『초정 박제가의 실학사상과 해운통상론』, 신서원, 2004에서 재인용)

6) 이토 진사이, 최경열 옮김, 『맹자고의』, 그린비, 2016에서 재인용

7) 번역은 권덕주 옮김, 『서경』, 올재, 2013을 따르되 문장은 조금 다듬었다.

8) 이헌창, 「초정의 이용후생 사상과 부국론」, 『초정 박제가 연구』

9) 안대회, 「초정 사상의 성립 배경과 그 영향」, 『초정 박제가 연구』

10) 『열하일기』 번역은 모두 김혈조 옮김, 『열하일기』, 돌베개,

2009를 따르되 문장은 조금 다듬었다.

11) 번역은 김하라 편역, 『일기를 쓰다』, 돌베개, 2015를 따랐다.

12) 『북학의』 번역은 모두 안대회 교감 · 역주, 『북학의』, 돌베개, 2013을 따르되 문장은 조금 다듬었다.

13) 안대회, 「초정 사상의 성립 배경과 그 영향」, 『초정 박제가 연구』

14) 안대회 교감 · 역주, 「서문」, 『북학의』

15) 『입연기』 번역은 모두 신호열 외 옮김, 『국역 청장관전서』, 민족문화추진회, 1979를 따르되 문장은 조금 다듬었다.

16) 『설수외사』 번역은 모두 진재교 옮김, 『설수외사』, 성균관대학교출판부, 2011을 따르되 문장은 조금 다듬었다.

17) 안대회 교감 · 역주, 「지리 2칙」, 「논」, 『북학의』의 각주 참조

18) 번역은 실시학사 고전문학연구회 옮김, 『열하를 여행하며 시를 짓다』, 휴머니스트, 2010을 따르되 문장은 조금 다듬었다.

19) 박제가의 시문 번역은 이승수 · 정민 · 박수밀 외 옮김, 『정유각집』을 따르되 문장은 조금 다듬었다.

20) 이헌창, 「초정의 이용후생사상과 부국론」, 『초정 박제가 연구』

21) 김윤조 옮김, 『누가 알아주랴』, 태학사, 2005에서 재인용

22) 안대회 옮김, 「박제가론」, 『궁핍한 날의 벗』

23) 이승수 · 정민 · 박수밀 외 옮김, 『정유각집』

24) 안대회 교감 · 역주, 「해제」, 『북학의』에서 재인용

25) 이승수 · 정민 · 박수밀 외 옮김, 『정유각집』에서 재인용

26) 박희병 옮김, 『고추장 작은 단지를 보내니』, 돌베개, 2005에서

재인용

27) 한영규, 「초정의 도시적 감성과 창신적 글쓰기」, 『초정 박제가 연구』에서 재인용

28) 황현산, 『말과 시간의 깊이』, 문학과지성사, 2002

2장

1) 『과정록』 번역은 모두 박희병 옮김, 『나의 아버지 박지원』, 돌베개, 1998을 따르되 문장은 조금 다듬었다.

2) 김현영, 「초정의 사회적 처지와 사회사상」, 『초정 박제가 연구』

3) 『천애지기서』 번역은 모두 신호열 외 옮김, 『국역 청장관전서』를 따르되 문장은 조금 다듬었다.

4) 번역은 박종훈 옮김, 『한객건연집』, 문진, 2011을 따르되 문장은 조금 다듬었다.

5) 『우서』 번역은 모두 한영국 옮김, 『우서』, 올재, 2012를 따르되 문장은 조금 손보았다.

3장

1) 이우성, 「18세기 서울의 도시적 양상」, 『한국의 역사상』, 창비, 1983에서 재인용

2) 이성무 · 이희진, 『다시 보는 한국사』, 청아출판사, 2013

3) 번역은 한국고전번역원 사이트를 따르되 문장은 조금 다듬었다.

4) 김기봉, 「태양왕과 만천명월주인옹: 루이 14세와 정조」, 『정조와

18세기』, 푸른역사, 2013

5) 안대회, 「초정 사상의 성립 배경과 그 영향」, 『초정 박제가 연구』

6) 안대회, 「초정 사상의 성립 배경과 그 영향」, 『초정 박제가 연구』

7) 번역은 한국고전번역원 사이트를 따르되 문장은 조금 다듬었다.

8) 안대회, 「초정 사상의 성립 배경과 그 영향」에서 재인용

9) 번역은 한국고전번역원 사이트를 따르되 문장은 조금 다듬었다.

10) 안대회, 「초정 사상의 성립 배경과 그 영향」, 『초정 박제가 연구』

11) 안대회, 「초정 사상의 성립 배경과 그 영향」, 『초정 박제가 연구』

12) 김용덕, 「기적의 선각자 박제가의 경제사상」(오세영, 『초정
    박제가의 실학사상과 해운통상론』에서 재인용)

13) 김용덕, 「정유와 연암, 조선후기문화 : 실학부문」, 단국대출판부,
    1988(오세영, 『초정 박제가의 실학사상과 해운통상론』에서
    재인용)

14) 진재교 옮김, 『설수외사』

4장

1) 안대회 옮김, 「해제」, 『북학의』

2) 안대회, 「초정 사상의 성립 배경과 그 영향」, 『초정 박제가 연구』

3) 정약용의 글 번역은 모두 한국고전번역원 사이트를 따르되
    문장은 조금 다듬었다.

4) 「운곡선설」과 「제차설」의 내용은 안대회, 「초정 사상의 성립
    배경과 그 영향」에서 재인용했으며, 임형택, 『문명의식과 실학』,

돌베개, 2009를 참조했다.

5) 번역은 한국고전번역원 사이트를 따랐다.

6) 『조선왕조실록』 번역은 모두 한국고전번역원 사이트를 따랐다.

7) 번역은 한국고전번역원 사이트를 따랐다.

8) 번역은 신호열·김명호 옮김, 『연암집』, 민족문화추진회, 2005를 따르되 문장은 조금 다듬었다.

9) 김용덕, 「정유와 연암, 조선후기문화 : 실학부문」(오세영, 『초정 박제가의 실학사상과 해운통상론』에서 재인용)

5장

1) 김현영, 「초정의 사회적 처지와 사회사상」, 『초정 박제가 연구』

2) 미야자마 히로시, 「제를 자각한 자의 고뇌」, 『초정 박제가 연구』

3) 신호열·김명호 옮김, 『연암집』

북학의를 읽다
: 조선의 이용후생 사상과 박제가를 공부하는 첫걸음

2019년 11월 24일 초판 1쇄 발행

지은이
설흔

펴낸이	**펴낸곳**	**등록**	
조성웅	도서출판 유유	제406-2010-000032호(2010년 4월 2일)	
	주소		
	경기도 파주시 책향기로 337, 301-704 (우편번호 10884)		

전화	**팩스**	**홈페이지**	**전자우편**
031-957-6869	0303-3444-4645	uupress.co.kr	uupress@gmail.com
	페이스북	**트위터**	**인스타그램**
	www.facebook	www.twitter	www.instagram
	.com/uupress	.com/uu_press	.com/uupress

편집	**디자인**	**마케팅**	
전은재, 조은	이기준	송세영	

제작	**인쇄**	**제책**	**물류**
제이오	(주)민언프린텍	(주)정문바인텍	책과일터

ISBN 979-11-89683-25-2 04150
       979-11-85152-02-8 (세트)

이 도서의 국립중앙도서관 출판예정도서목록(CIP)은 서지정보유통지원시스템
홈페이지(seoji.nl.go.kr)와 국가자료공동목록시스템(www.nl.go.kr/kolisnet)에서
이용하실 수 있습니다.(CIP제어번호: CIP2019045379)